SAMMLUNG GÖSCHEN BAND 1034

Therapeutische Psychologie

Freud-Adler-Jung

Von

Dr. med. W. M. Kranefeldt

in Berlin

Mit einer Einführung

von

C. G. Jung

Zweite Auflage

Walter de Gruyter & Co.

vormals G. J. Göschen'sche Verlagshandlung · J. Guttentag, Verlagsbuchhandlung · Georg Reimer · Karl J. Trübner · Veit & Comp.

Berlin 1950

Archiv-Nr. 111034

Vorbemerkung zur 2. Auflage

Die infolge der Weltverhältnisse erst jetzt, nach 19 Jahren, erscheinende zweite Auflage der „Psychoanalyse, Psychoanalytische Psychologie" erscheint unter dem Titel: „Therapeutische Psychologie — Freud, Adler, Jung". Sie ist — abgesehen von kleinen Veränderungen, Anmerkungen oder kurzen Zusätzen, so etwa zur Erläuterung des Jungschen Begriffs der „Empfindungs-Funktion" — unverändert. Die seit 1942 neu erschienenen oder neu aufgelegten Buchveröffentlichungen C. G. Jungs sind im Anhang aufgezählt. Es schien angebracht, den Titel zu ändern und durch den Zusatz der Namen der drei Autoren der Psychotherapie: Freud, Adler, Jung, zu ergänzen. wie das auch im Untertitel der englischen Übersetzung der Fall ist. Das Buch erschien 1932 unter dem Titel: „Secret ways of the Mind" bei Henry Holt, New York, und wurde 1934 von Kegan Paul, Trench, Trubner & Co., London, übernommen.

Berlin, März 1948/Dezember 1949.

W. M. K.

Inhaltsverzeichnis

Einführung

Man darf wohl sagen, daß es heutzutage noch ganz unmöglich sei, ein umfassendes und daher zutreffendes Gemälde alles dessen zu entwerfen, das gemeinhin unter dem — vielbeschrienen — Namen „Psychoanalyse" geht. Was der Laie gewöhnlich unter „Psychoanalyse" versteht, nämlich eine ärztliche Seelenzergliederung zum Zwecke der Auffindung verborgener Ursachen und Zusammenhänge, bezieht sich nur auf einen kleinen Teil des psychischen Phänomens der Psychoanalyse. Wenn man auch in weiterem Sinne — entsprechend der Auffassung Freuds — die Psychoanalyse als ein wesentlich ärztliches Instrument der Neurosenheilung betrachtet, so erschöpft auch diese weitere Ansicht das Wesen des Gegenstandes keineswegs. Vor allem ist die Psychoanalyse im engeren Freudschen Sinne nicht nur eine therapeutische Methode, sondern auch eine psychologische Theorie, die sich keineswegs auf die Neurosen und damit im weiteren auf die Psychopathologie überhaupt beschränkt, sondern auch das normale Phänomen der Träume und darüber hinaus weite Gebiete der Geisteswissenschaften, Literatur, bildende Künste im allgemeinen, Biographik, Mythologie, Folklore, vergleichende Religionsgeschichte und Philosophie in ihren Bereich zu ziehen trachtet. Als ein in der Geschichte der Wissenschaft etwas seltenes Kuriosum — das aber mit zum eigentümlichen Charakter der „psychoanalytischen" Geistesströmung gehört — besteht der Schöpfer der Psychoanalyse (im engeren Sinne), Freud, auf der Identität der Methode mit seiner Sexualtheorie, der er damit ein sozusagen dogmatisches Gepräge gab. Diese „wissenschaftliche" Infallibilitätserklärung hat mich seinerzeit zu meinem Bruch mit Freud veranlaßt, denn Dogma und Wissenschaft sind für mich inkommensurable Größen, die durch ihre Verschmelzung sich gegenseitig schädigen. Das Dogma als religiöser Faktor ist von unschätzbarem Wert eben gerade wegen seines absoluten Standpunktes. Die Wissenschaft aber, die der Kritik und Skepsis entraten zu dürfen glaubt, entartet zu einem krankhaften Kellergewächs. Wissenschaft bedarf der äußersten Unsicherheit als eines Lebenselementes. Wo immer sie eine Neigung zum Dogma und damit zur Unduldsamkeit und zum Fanatismus zeigt, wird ein höchstwahrscheinlich berechtigter Zweifel zugedeckt und eine nur allzu begründete Unsicherheit wegbehauptet.

Ich hebe diesen an sich bedauerlichen Umstand hervor, weniger um kritisch an der Freudschen Theorie zu rütteln, als vielmehr um den unvoreingenommenen Leser darauf hinzuweisen, daß die Freudsche Psychoanalyse bezeichnenderweise nicht nur wissenschaftliche Bemühung und Leistung ist, sondern auch ein psychisches Symptom, das sich, wie die Tatsache zeigt, stärker erwiesen hat als die analytische Kunst des Meisters selber. Wie Maylans Buch (Freuds tragischer Komplex) es deutlich gezeigt hat, wäre es keineswegs schwierig, die dogmatisierende Neigung Freuds aus seiner eigenen persönlichen Vorbedingtheit abzuleiten — er selber hat diese Methode ja seinen Schülern beigebracht und sie selber mehr oder weniger glücklich verwendet —, aber es ist mir nicht sympathisch, seine eigenen Waffen gegen ihren Schöpfer zu kehren. Schließlich ist ja niemand seiner persönlichen Bedingtheit völlig entrückt. Jedermann ist ihr mehr oder weniger verhaftet — besonders wenn er Psychologie betreibt. Ich finde diese technischen Mängel uninteressant und halte ihre allzu starke Hervorhebung für schädlich, weil sie den Blick von der einzig bedeutsamen Tatsache weglenkt, daß nämlich auch der unabhängigste Geist eben gerade da, wo er am allerfreiesten zu sein scheint, am meisten bedingt und abhängig ist. Nach meinem unmaßgeblichen Dafürhalten ist der schöpferische Geist des Menschen keineswegs seine Persönlichkeit, sondern ein Zeichen oder „Symptom" einer zeitgenössischen Geistesströmung. Seine Person hat nur die Bedeutung eines Bekenners einer ihm aus unbewußten kollektiven Hintergründen aufgedrängten Überzeugung, die ihn unfrei macht und zu Opfern, Irrtümern und Fehlgriffen zwingt, die er bei jedem andern schonungslos kritisieren würde. Freud ist getragen von einer eigentümlichen Geistesströmung, die sich bis ins Zeitalter der Reformation zurückverfolgen läßt und die sich in unserer Zeit aus zahllosen Verkleidungen und Verhüllungen allmählich befreit und sich anschickt, zu jener Art von Psychologie zu werden, die Nietzsche mit seherischem Blick prophezeit hat — eine Entdeckung der Seele als einer neuen Tatsache. Es wird einmal klar zutage treten, auf welch verschlungenen Pfaden die moderne und die übermoderne Psychologie aus obskuren alchymischen Laboratorien durch die Zwischenstufen des Mesmerismus und Magnetismus (Justinus Kerner, Ennemoser, Eschenmayer, Baader, Passavant u. a.) ihren Weg in die philosophischen Antizipationen eines Schopenhauer, Carus und Hartmann gefunden hat, und wie sie sich aus dem dunklen Mutterboden der alltäglichen praktischen Erfahrung eines Liébeault und des noch älteren Quimby (des geistigen Vaters der Christian Science) durch die Lehren der französischen Hypnotistenschule Freud erreicht hat. Aus vielerlei dunklen Quellen floß dieser Geistesstrom zusammen, der, im Laufe des 19. Jahrhunderts rasch an Mächtigkeit gewinnend, viele Bekenner, in deren Reihe Freud kein Vereinzelter ist, hervorgebracht hat.

Was heutzutage allgemein mit dem Schlagwort „Psychoanalyse" bezeichnet wird, ist in Wirklichkeit nicht e i n e Sache, sondern viele verschiedene Nuancierungen des großen psychologischen Problems unserer Zeit überhaupt. Ob dieses nun einem allgemeinen Publikum als solches bewußt ist oder nicht, ändert nichts an seiner Existenz. Die Seele ist unserer Zeit zum Problem geworden. Das Psychologische hat eine Zugkraft bekommen, die eigentlich erstaunlich ist. Sie erklärt aber die überraschende, weltweite Ausbreitung der sogenannten „Psychoanalyse", der man nur noch den Erfolg der Christian Science, der Theosophie und der Anthroposophie vergleichen kann, dies nicht nur hinsichtlich des Erfolges, sondern auch des Wesens, denn Freuds Dogmatismus steht dem religiösen Überzeugungscharakter der Christian Science und der Anthroposophie im Grunde genommen recht nahe. Und überdies sind sie alle vier ausgesprochen psychologische Strömungen. Nehmen wir dazu noch den fast unglaublichen Aufschwung des Okkultismus in jeglicher Form und in allen zivilisierten Gegenden des Westens, so erhalten wir ein ungefähres Gemälde dieser zwar überall etwas tabuierten, aber nichtsdestoweniger gewaltigen Strömung. Auch die moderne Medizin zeigt bedeutsame Neigungen zu paracelsischem Geist und ist sich der Wichtigkeit der Seele bei der Erkrankung des Körpers in steigendem Maße bewußt. Sogar der Traditionalismus des Strafgesetzes beginnt der psychologischen Forderung durch das Strafaufschubgesetz und die immer häufigere Beiziehung des psychologischen Experten nachzugeben.

Soweit die positive Erscheinung der psychologischen Tendenz! Diesem Plus entspricht aber auf der andern Seite ein ebenso charakteristisches Minus.

Die mit der Reformation eigentlich schon einsetzende Abtrennung des Bewußtseins von der ursprünglichen metaphysischen Sicherheit des gotischen Zeitalters hat mit jedem Jahrhundert an Bedeutung und Ausbreitung gewonnen. Am Ende des 18. Jahrhunderts hat die Welt sogar erstmals die öffentliche Entthronung der christlichen Wahrheit erlebt, und im Anfang des 20. Jahrhunderts bestrebt sich die Regierung eines der größten Reiche der Erde, das christliche Bekenntnis wie eine psychische Krankheit auszurotten. Mittlerweile ist auch sozusagen der gesamte Intellekt der weißen Menschheit der Autorität des katholischen Dogmas entwachsen, und der Protestantismus hat es fertiggebracht, auf Grund der nichtigsten Tüfteleien sich in mehr als 400 Denominationen aufzusplittern. Das sind deutliche Minuserscheinungen, welche für einen entsprechenden Zustrom an Menschen zu allen Bewegungen sorgen, denen man eine hilfreiche Wahrheit zutraut.

Religionen sind Heilsysteme für seelische Leiden. Neurosen und dergleichen Krankheiten gehen samt und sonders aus seelischen Komplikationen hervor. Ein diskutiertes und bezweifeltes Dogma aber hat seine Heilkraft verloren. Ein Mensch, der nicht mehr glaubt, daß ein Gott, der das Leiden kennt, helfend, tröstend und sinngebend sich seiner erbarmt, ist schwach und fällt seiner Schwäche zum Opfer und wird neurotisch. Die unzähligen pathologischen Elemente der Bevölkerung bilden einen der mächtigsten Unterstützungsfaktoren für die psychologische Tendenz unserer Zeit.

Alle jene aber, die nach einer Zeit des Autoritätsglaubens mit einem Ressentiment erwachen und eine selbstquälerische Genugtuung darin finden, eine sogenannte neue Wahrheit destruktiv der alten, noch lebendigen Überzeugung gegenüber auszuspielen, bilden ein anderes und nicht gerade unbedeutendes Kontingent. Denn solche Leute können nie den

Mund halten, sondern müssen wegen ihrer eigenen Überzeugungsschwäche und aus Furcht vor dem Isoliertsein immer Proselyten um sich scharen, damit die Quantität wenigstens die zweifelhafte Qualität ersetze.

Und zuletzt gibt es auch suchende und ernsthafte Menschen, welche gescheit genug sind, um hinlänglich davon überzeugt zu sein, daß die Seele, die jeder in sich hat, der Ursprungsort aller seelischen Bedrängnisse und zugleich auch die Heimat aller heilenden Wahrheiten ist, die jemals dem leidenden Menschen als frohe Botschaft verkündet wurden. Von der Seele, die uns die unsinnigsten Konflikte verschafft, erwarten wir auch die Lösung oder zum mindesten eine gültige Antwort auf das blindquälende Warum?

Man braucht nicht neurotisch zu sein, um ein Heilungsbedürfnis zu verspüren, und dieses existiert auch bei denen, welche aus tiefster Überzeugung die Möglichkeit solcher Heilungen leugnen. Auch solche können es in einem schwachen Moment nicht lassen, neugierig in ein psychologisches Buch hineinzublicken, vielleicht nur um ein Rezept darin zu finden, wie man einen widerspenstigen Ehegatten geschickt zur Raison bringen könnte.

Zu diesem Nebenstrom gehören die besten und gesündesten Elemente, auf denen die ganze Hoffnung einer noch zukünftigen seelischen Kultur ruht.

Die verschiedenartigen Einflüsse dieser an sich ganz verschiedenen Motive des Publikums bilden sich in den Variationen des Themas der „Psychoanalyse" ab. Die Adlersche Schule, die neben Freud emporgewachsen ist, betont vor allem die soziale Seite des seelischen Problems und differenziert sich infolgedessen immer mehr zu einem sozialen Erziehungssystem, das sich nicht nur theoretisch, sondern auch praktisch in allen der Freudschen Richtung wesentlichen Stücken von der ursprünglichen Psychoanalyse unterscheidet, und zwar in solchem Maße, daß mit Ausnahme gewisser theoretischer Prinzipien die ursprünglichen Berührungspunkte mit der Freudschen Psychologie kaum mehr aufzufinden sind. Adlers sog. Individualpsychologie kann deshalb dem Begriff „Psychoanalyse" kaum mehr untergeordnet werden. Sie ist ein psychologisches System unabhängigen Charakters, das Bekenntnis eines andern Temperamentes und einer andern Weltanschauung.

Keiner, der sich für „Psychoanalyse" interessiert und der danach trachtet, einen einigermaßen genügenden Überblick über das Gesamtgebiet der modernen ärztlichen Seelenkunde zu erhalten, sollte es versäumen, die Adlerschen Schriften zu studieren. Er wird daraus die wertvollsten Anregungen schöpfen und dabei erst noch die unschätzbare Entdekkung machen, daß man einen und denselben Fall von Neurose mit ebensoviel Überzeugungskraft nach Freud oder nach Adler erklären kann, trotzdem sich die beiden Erklärungsweisen anscheinend diametral gegenüberstehen. Was in der Theorie hoffnungslos auseinanderfällt, liegt aber in der paradoxen Menschenseele nebeneinander, ohne sich zu widersprechen — der Mensch hat einen Geltungstrieb, so gut wie einen Sexualtrieb. Er hat infolgedessen auch beide Psychologien, und jede seelische Regung in ihm hat subtile Tönungen sowohl von der einen wie von der andern Seite.

Da es nun keineswegs feststeht, wieviel primäre Triebe beim Menschen sowohl wie beim Tiere vorhanden sind, so besteht ohne weiteres die Möglichkeit für einen findigen Kopf, noch einige Psychologien herauszufinden, die sich alle anscheinend widersprechen und doch höchst befriedigende Erklärungen hervorbringen. Mit der Auffindung solch weiterer Möglichkeiten hat es allerdings keine so einfache Bewandtnis, daß einer sich ohne weiteres hinsetzen könnte, sich z. B. den Kunsttrieb vornähme und daraus ein neues psychologisches System ableitete. Auf diese Weise ist weder die Freudsche noch die Adlersche Psychologie zustande gekommen. Beide Forscher haben vielmehr in völligster, schicksalsmäßiger Unfreiheit ihr Prinzip, ihre eigene Psychologie und damit auch ihre Art, wie sie andere Menschen betrachten, bekannt. Solches ist erlitten und nicht als intellektuelles Kunststück hergezaubert. Man möchte wünschen, daß sich noch mehrere solcher Bekenner fänden, damit das Gemälde der seelischen Möglichkeiten sich besser ausrunde.

Meine Ansicht und Schule sind ebenfalls psychologisch und unterliegen deshalb derselben Beschränkung und Kritik, die ich den andern Psychologen angedeihen lasse. Soweit ich meine eigene Ansicht selber zu beurteilen vermag, unterscheidet sie sich von den oben besprochenen Psychologien dadurch, daß sie nicht monistisch, sondern mindestens dualistisch — insofern sie sich auf das Gegensatzprinzip gründet —, wenn nicht gar pluralistisch ist — insofern sie eine Vielheit relativ autonomer seelischer Komplexe anerkennt.

Wie man sieht, habe ich aus der Tatsache der Möglichkeit widersprechender und doch zureichender Erklärungen eine Lehre gezogen. Im Gegensatz zu Freud und Adler, deren Erklärungsprinzip wesentlich reduktiver Natur und darum stets der infantilen Bedingtheit des Menschen zugekehrt ist, lege ich auf die konstruktive oder synthetische Erklärung ein etwas größeres Gewicht in Anerkennung der Tatsache, daß das Morgen praktisch wichtiger ist als das Gestern und das Woher unwesentlicher als das Wohin. Bei aller Würdigung der Historie erscheint mir der zu schaffende Sinn von größerer Lebensbedeutung, und ich bin der Überzeugung, daß keine Einsicht in das Vergangene und kein noch so starkes Wiedererleben pathogener krankmachender Reminiszenzen den Menschen von der Macht der Vergangenheit so befreit wie der Aufbau des Neuen. Ich bin mir dabei sehr wohl bewußt, daß ohne Einsicht in das Vergangene und ohne Integration verlorengegangener wichtiger Erinnerungen etwas Neues und Lebensfähiges gar nicht geschaffen werden kann. Aber ich betrachte das Wühlen in der Vergangenheit nach angeblichen spezifischen Krankheitsursachen sowohl als einen Zeitverlust wie auch als ein irreführendes Präjudiz, denn Neurosen, gleichgültig aus was für erstmaligen Anlässen sie einmal entstanden sein mögen, sind bedingt und unterhalten durch eine stets vorhandene unrichtige Einstellung, die, wenn sie einmal erkannt ist, heute korrigiert werden muß und nicht in der infantilen Vorzeit. Auch genügt die bloße Bewußtmachung der Ursachen keineswegs, indem die Heilung der Neurose in letzter Linie ein moralisches Problem ist und kein Wiedererinnerungszauber.

Des ferneren unterscheidet sich meine Ansicht von Freud und Adler durch den Umstand, daß ich das Unbewußte wesentlich anders bewerte als sie. Freud, der dem Unbewußten eine unendlich bedeutsamere Rolle zuschreibt als Adler (dessen Schule es überhaupt ganz in den Hintergrund treten läßt), hat ein religiöseres Temperament als Adler, weshalb der erstere dem psychischen Nicht-Ich natürlicherweise eine, wenn auch negative, autonome Funktion zediert. Ich gehe darin noch einige Schritte weiter als Freud. Das Unbewußte ist für mich nicht nur das Rezeptakulum aller unsauberen Geister und sonstiger odioser Hinterlassenschaften abgelebter Zeitläufte, wie z. B. jener Schatz an historischer Opinion publique, der Freuds „Über-Ich" konstituiert, sondern recht eigentlich die ewiglebendige und schöpferische Keimschicht, die sich zwar alter symbolischer Bilder bedient, darin aber und dadurch neuen Geist meint. Allerdings kommt in der Regel ein neuer Geist nicht fertig gebildet aus der Sphäre des Unbewußten wie eine gerüstete Pallas aus dem Haupte des Zeus, sondern wesentliche Wirkung entsteht erst dann, wenn das Produkt des Unbewußten in ein ernsthaftes Verhältnis zum Bewußtsein gebracht wird.

Um die „Produkte" des Unbewußten einigermaßen zu deuten, ergab sich mir daher auch die Notwendigkeit einer ganz andern Lösung der Träume und Phantasien, welche ich nunmehr — insofern dies der Natur des Falles angemessen schien — nicht wie Freud auf Persönliches reduzierte, sondern mit Symbolen der Mythologie, der vergleichenden Religionsgeschichte u. a. m. in Analogie setzte, um dadurch den Sinn zu erkennen, in welchem zu wirken sie sich anschickten. Diese Methode ergab in der Tat äußerst interessante Resultate, nicht zum mindesten deshalb, weil sie eine ganz neue Lesung der Traum- und Phantasieinhalte erlaubte, wodurch es möglich wurde, die sonst mit dem Bewußtsein unvereinbaren archaischen Tendenzen einer Vereinigung mit der bewußten Persönlichkeit zuzuführen. Diese Vereinigung hatte mir von jeher als das Erstrebenswerte vorgeschwebt, denn der Neurotische (und mit ihm viele Normale) leiden im Grunde an einer Dissoziation des Unbewußten vom Bewußten. Da nun das Unbewußte zwar einerseits die Triebquellen und die ganze prähistorische Natur des Menschen bis ins Tierische hinunter, daneben aber auch alle schöpferischen Keime der Zukunft und die Quelle aller gestaltenden Phantasie enthält, so bedeutet die Abtrennung vom Unbewußten durch neurotische Dissoziation nichts anderes als die Abtrennung von der Lebensquelle schlechthin im Guten wie im Bösen. Als vornehmste Aufgabe der Behandlung erschien mir darum die Bemühung, diesen verlorenen Zusammenhang und den notwendigen, weil lebenspendenden Parallelismus wieder herzustellen.

Freud entwertet das Unbewußte und sucht sich in einem erkennerischen Bewußtsein in Sicherheit zu bringen. Dieser Weg ist überall dort verfehlt und führt zu Vertrocknung und Erstarrung, wo bereits ein fest gegründetes Bewußtsein besteht, das aber des nötigen Lebens ermangelt, weil es das Gegensätzliche und anscheinend Feindliche des Unbewußten von sich fernhält und doch seiner zur Selbsterneuerung bedürfte.

Aber nicht immer ist dieser Weg verfehlt, denn nicht immer besteht bereits ein festgegründetes Bewußtsein. Letzteres setzt eine größere Summe an Lebenserfahrung, also ein gereifteres Alter voraus. Jüngere Leute, die noch längst nicht bestimmt wissen, wer sie eigentlich sind, kämen sogar in große Gefahr, wollten sie die sowieso schon bestehende Dunkelheit ihres Wissens um sich selbst noch vergrößern dadurch, daß sie die Nacht unbewußter Gestaltung in ihr unreifes, labiles Bewußtsein einströmen ließen. In solchen Fällen hat auch eine gewisse Entwertung des Unbewußten ihre Berechtigung. Ich habe aus solchen Erfahrungen die Überzeugung gewonnen, daß es nicht nur verschiedene Temperamente („Typen"), sondern auch Stufen der menschlichen Psychologie gibt, so daß man füglich von einem wesentlichen Unterschied der Psychologie der ersten Lebenshälfte von der der zweiten sprechen darf. Auch hierin unterscheide ich mich von den andern, daß nach meiner Ansicht nicht dieselben psychologischen Kriterien für die verschiedenen Altersstufen anwendbar seien.

Wenn man nun zu all diesen Bedenken noch die Tatsache hinzunimmt, daß ich Extravertierte und Introvertierte und jeden der beiden nochmals nach dem Kriterium seiner am meisten differenzierten Grundfunktionen (von denen ich vier deutlich fassen kann) unterscheide, so wird es klar, daß meine bisherige Entdeckerfunktion im Gebiete der Psychologie hauptsächlich darin bestand, die bis zur „Monotonie" einfache Sachlage der beiden andern Ansichten durch die Bewußtmachung der in Wirklichkeit bestehenden unausdenkbaren Kompliziertheit der Seele jäh zu unterbrechen.

Man hat diese Komplikationen ignorieren wollen, man hat sie laut und leise beklagt. Aber kann ein Physiolog versichern, der Körper sei einfach? Oder das lebende Eiweißmolekül sei einfach? Wenn die Psyche des Menschen etwas ist, so ist sie unabsehbar kompliziert und von einer unbeschränkten Mannigfaltigkeit, der mit bloßer Triebpsychologie unmöglich beizukommen ist. Ich kann nur in tiefster Bewunderung und Ehrfurcht anschauend stillestehen vor den Abgründen und Höhen seelischer Natur, deren unräumliche Welt eine unermeßliche Fülle von Bildern birgt, welche Jahrmillionen lebendiger Entwicklung aufgehäuft und organisch verdichtet hat. Mein Bewußtsein ist wie ein Auge, das fernste Räume in sich faßt, das psychische Nicht-Ich aber ist das, was diesen Raum unräumlich erfüllt. Und diese Bilder sind nicht blasse Schatten, sondern mächtig wirkende seelische Bedingungen, die wir nur mißverstehen, aber niemals durch Leugnung ihrer Macht berauben können. Neben diesen Eindruck vermöchte ich nur noch den Anblick des gestirnten nächtlichen Himmels zu stellen, denn das Äquivalent der Welt innen ist nur die Welt außen, und wie ich diese Welt durch das Medium des Körpers erreiche, so erreiche ich jene Welt durch das Medium der Seele.

Ich vermag daher nicht, die durch meine Beiträge bedingte Komplikation der Psychologie zu bedauern, denn die Wissenschaft hat sich noch jedesmal gründlichst getäuscht, wenn sie meinte herausgefunden zu haben, wie einfach die Dinge sind.

Mit diesen Ausführungen hoffe ich dem Leser den Eindruck verschafft zu haben, daß die unter dem

Laienbegriff „Psychoanalyse" zusammengefaßten psychologischen Bestrebungen geschichtlich, sozial und philosophisch in sehr viel weitere Entfernung reichen, als das Schlagwort andeutet. Zugleich dürfte einleuchten, daß das in dieser Schrift dargestellte Gebiet weit davon entfernt ist, eine abgeschlossene und leicht umgrenzbare Angelegenheit zu sein. Im Gegenteil handelt es sich um eine werdende Wissenschaft, die sich eben erst anschickt, ihre ärztliche Wiege zu verlassen, um zu einer Psychologie des Menschen zu werden.

Die nachfolgende Darstellung hat nicht die Absicht, weitausgreifend den Gesamtumfang der heutigen psychologischen Problematik zu beschreiben, sondern begnügt sich mit einer Orientierung über die Anfänge und die elementaren Probleme, um die es sich zunächst in der Reichweite des Arztes handelt. Was darüber hinausgeht, habe ich der allgemeineren Orientierung halber in meiner Einleitung beigefügt.

C. G. Jung

Therapeutische Psychologie

1. Die französische Hysterie- und Hypnoseforschung

Psychoanalyse bedeutet wörtlich übersetzt „Auflösung der Seele"[1]). Es wäre zunächst offenbar wichtig zu wissen, was unter Seele im Bereich der Psychoanalyse verstanden wird. Aber so zahlreich die Begriffe von Seele überhaupt sind — auch in der „Psychoanalyse" ist der Begriff Seele keineswegs eindeutig, und wenn die verschiedenen Schulen oder Richtungen der Psychoanalyse, die es bis heute gibt, das analytische Prinzip eint, so trennt sie anderseits

[1]) psyche (anima, urspr. Hauch) = Seele; analyo = ich löse auf.

die — nicht ausgesprochene — Voraussetzung dessen, was unter Seele verstanden wird.

Hier genügt es zunächst zu erinnern, daß im Beginn der Psychoanalyse „Seele" einfach den Gegensatz zum Körper bezeichnete. Freuds erste Veröffentlichungen ausgangs des vorigen Jahrhunderts wollten zeigen, daß die sog. „funktionellen Nervenkrankheiten"[1]), die man bisher, nur um überhaupt etwas zu tun, mit physikalischen Maßnahmen behandelt hatte, Ausdruck seelischer Zusammenhänge seien. Der „psychische Überbau" wurde in den Vordergrund gerückt, typische Zusammenhänge oder Schemata des seelischen Erlebens zu einer Theorie der Neurosen geformt, die den nunmehr „psychisch" behandelnden Nervenarzt befähigen sollte, sich in der „Seele" seines Patienten zurechtzufinden, krankhafte Ausdrucksformen „aufzulösen", sei es, daß sie sich körperlich manifestierten (funktionelle Lähmungen u. dgl.), sei es, daß es sich um psychische Störungen im engeren Sinne handelte (obsedierende Phantasien, Schlafstörungen, unbeherrschte Triebe, Zwangshandlungen usw.).

Freud nannte diese von ihm geschaffene und ausgebaute Theorie und Technik der Neurosenbehandlung „Psychoanalyse". Sie hat heute sowohl ihren eigentlichen medizinischen Rahmen weit überschritten, als auch andere, ihr ähnliche Richtungen hervorgerufen oder beeinflußt, die im weiteren Sinne gleichfalls der Psychoanalyse zugerechnet werden: in der Hauptsache gehören hierher die von Alfred Adler in Wien begründete „Individualpsychologie" und die „analytische Psychologie" C. G. Jungs in Zürich. Auch Wilhelm Stekel (Wien) ist zu nennen, der eine Fülle von sexualpathologischem Material unter analytischen Gesichtspunkten durchgear-

[1]) Funktionell im Gegensatz zu organisch, d. h. mit erkennbarer materieller Grundlage; Hysterie besonders und andere Neurosenformen.

beitet hat, wobei er sich von dem Freudschen Dogmatismus in erfreulicher Weise frei hält.

Unsere knappe Darstellung der therapeutischen Psychologie wird von Freud und Jung handeln und auch Adlers Gesichtspunkt kurz erwähnen. Zuvor aber muß erst jener Auffassungen gedacht werden, die, wenigstens indirekt, die Quelle oder Grundlage bilden, aus der sie hervorwuchs; — indirekt insofern, als besonders die späteren Konstruktionen Freuds jene Quellen im wesentlichen wieder verschüttet haben. Wir meinen die Auffassungen vom „doppelten Bewußtsein" (double conscience), wie sie in der zweiten Hälfte des 19. Jahrhunderts die französische Hysterie- und Hypnoseforschung ausgebildet hat, die sich an die Namen Charcot, Azam, Janet, Liébeault und Bernheim knüpft.

Die psychologische Erforschung der Hysterie, der häufigsten Neurosenform, betrieb man damals in Frankreich mit größtem Interesse und frei von Vorurteilen. Man war zu der Auffassung gekommen, daß der Mensch – sei es spontan, sei es hervorgerufen durch hypnotische Maßnahmen, also durch Suggestionen — verschiedene Bewußtseinszustände durchlaufen könne, die so voneinander getrennt sind, daß von der einen zur andern selbst eine Brücke der Erinnerung fehlen kann. Diese verschiedenen Bewußtseinslagen entsprechen ebenso vielen „Teilpersönlichkeiten" eines Menschen, die sich charakterlich meist ausgesprochen gegensätzlich verhalten, sofern es sich nur um zwei handelt. Wichtig ist, daß stets von einer aus, der tiefsten, umfassendsten Bewußtseinslage, alle Persönlichkeitsteile oder Teilpersönlichkeiten erinnert werden, während von den Teilen aus das Ganze nicht zugänglich, d. h. unbewußt ist.

So besteht im folgenden Beispiel der bekannten Félida X. Azams[1]) von ihrem „Normal"bewußt-

[1]) Azam, Hypnotisme, double conscience et altération de la personalité, Paris 1887, J. B. Baillère et fils.

sein aus keine Erinnerung an ihre „Krise", wohl aber wird umgekehrt von dieser das Erinnerungsmaterial des ersteren mit eingeschlossen. Félida war ein Mädchen einfacher Herkunft, bei dem sich seit dem 13. Lebensjahr so bedenkliche nervöse Störungen gezeigt hatten, daß man vorübergehend sogar an Geisteskrankheit dachte. Von Beruf Schneiderin, war sie in ihrem „Normal"zustand von düsterer, ja moroser Gemütsart, mit zähem Ernst sich ausschließlich ihrer Arbeit widmend. Während dieser aber überfällt sie — und zwar beinahe täglich und ganz plötzlich — ihre Krise, beginnend mit einem kurzen schlafähnlichen Zustand. Daraus erwacht sie von selbst, wacht aber in ihr zweites Bewußtsein auf und ist nun heiter, lebhaft, voller Anteilnahme am Leben, ja erscheint erst jetzt im völligeren Besitze ihrer Fähigkeiten.

Diese „Condition seconde", die anfangs etwa im Verhältnis 1 zu 10 mit dem „Normal"zustand abwechselte, nahm im Laufe der Entwicklung zu und änderte schließlich Félidas Charakter in der Weise, daß man von einem gegenseitigen Ausgleich und harmonischen Ineinander der anfänglich scharf getrennten Bewußtseinsformen sprechen konnte: „... les deux caractères se sont égalisés et comme fondus l'un dans l'autre", wie Azam sich ausdrückt. Die Gegensätze, deren Enge und Einseitigkeit krankhaft war, hatten sich zu einer normalen und lebensfähigen Mitte vereinigt.

Zahlreiche ähnliche Fälle studierte Pierre Janet. Er bezeichnet die alternierenden (abwechselnden) Bewußtseinszustände seiner Versuchspersonen mit Zahlen, spricht etwa von Lucie I, II oder III. In seinem Buche „L'automatisme psychologique", das in den 80er Jahren in Paris erschien, entwickelt er eine ausführliche Theorie dieser Phänomene. Ausgehend von Beobachtungen an Kataleptischen — wobei Katalepsie[1]) aufgefaßt wird als ein Zustand von „Bewußtseinsleere" —, beschreibt er, wie nach der Einführung nur einer einzigen Vorstellung in dieses „leere" Bewußtsein diese Vorstellung sich sogleich in der entsprechenden Aktion äußert. Was innen Bild ist, erscheint außen als Bewegung. Eine Armbewegung, die z. B. der Untersucher ausführt, wird sogleich von der kataleptischen Versuchsperson imitiert, wenn ihr Blick auf den Untersucher gerichtet war. Ein gänzlich einseitiges Bewußtsein also — sofern man in diesem Falle überhaupt von „Bewußtsein" reden kann — ist zugleich auch äußere Handlung, die solange automatisch abläuft, bis durch Hinzutreten einer kontrastierenden Vorstellung allererst — Bewußtsein von ihr entsteht, worauf sie fortgesetzt oder nicht fortgesetzt werden kann, je nach den Umständen. Bevor sich an einer kontrastierenden Vorstellung ein Bewußtsein entzündet, kann eine ganze Folge von Einzelhandlungen automatisch abrollen, falls die ihr entsprechenden psychischen Bilder durch Gewohnheit oder aus andern Gründen in Zusammenhang stehen, als „Einheiten" also wirken können.

Als solcher Zusammenhang anzusehen sind z. B. jene „unterbewußten Persönlichkeiten", deren Zustandekommen sich Janet durch hinlängliche Anreicherung gewisser Vorstellungsgruppen denkt. Sie wirken dann wie distinkte „Ichs", unter deren Einfluß das „wache" Ich seinen Charakter entsprechend ändert. Ein solcher Wechsel ist bei Hysterischen sehr ausgesprochen, aber auch bei normalen besteht er, insofern gewisse psychische Bezirke, die gleichsam im Aufmerksamkeitsschatten liegen, nicht in der „normalen" („bewußten") Person integriert sind.

[1]) Katalepsie ist ein Zustand von Bewußtlosigkeit, der bei disponierten Individuen als Folge eines Schocks oder starker Erregungen auftreten oder gelegentlich durch Hypnose experimentell erzeugt werden kann (hypnotische Katalepsie).

Solche Anteile können mehr oder weniger abgespalten sein und als unbewußte Ichzentrierungen auch in „normalen" Fällen wirken. Sie sind die Vorbedingung für die Wirksamkeit von Suggestionen oder für die Möglichkeit, jemanden in Hypnose zu versetzen. Ein völlig „umfassendes" Bewußtsein wäre nicht hypnotisierbar; je enger dagegen das Bewußtseinsfeld, desto leichter beeinflußbar ist der Mensch. Der Satz: Ich kann nur hypnotisiert werden — bzw. Suggestionen unterliegen, was dasselbe ist —, wenn ich will, ist daher richtig und falsch zugleich, denn die Frage ist vielmehr die, ob ich denn weiß, was alles ich will, d. h. ob ich alle meine Strebungen und Tendenzen wirklich unter Kontrolle habe, ob und wieviel unbewußte Bereitschaft ich dem Suggestor entgegenbringe. Wirkt die Suggestion, so ist das ein Beweis für das Vorhandensein von „Unbewußtem" (vgl. u. S. 119). Soviel „unterbewußte" oder „unbewußte" Funktionseinheiten („Persönlichkeiten") vorhanden sind, ebenso viele Tendenzen drängen in mir zur Tätigkeit, d. h. sind in mir wirksam. Diese Tendenzen sind aber normalerweise sowohl untereinander balanciert als auch insgesamt von seiten des Bewußtseins in Schach gehalten. Erst gewisse („suggestive") Eindrücke heben die innere Gleichgewichtslage auf und machen eine der Tendenzen aktiv — um so leichter, wenn gleichzeitig die Aktivität des bewußten Wollens ausgeschaltet wird, was bei vielen Personen schon durch ein Schließen der Augen, durch Ruhelage und dergleichen Mittel der „hypnotischen Technik" erreicht wird.

Die Möglichkeit, auf diese Weise Einfluß zu gewinnen, hängt anderseits aber noch wesentlich ab von jener eigenartigen „préférance" der Versuchsperson für den Arzt, die schon Janet hervorhebt. Wo diese „Vorliebe", deren enge Beziehung zu dem Freudschen Begriff der „Übertragung" unverkennbar ist, nicht besteht, kommt der Suggestor oder der Arzt (übrigens oft auch der diagnostizierende!) gar nicht an die Hintergründe der Person heran und übersieht daher gelegentlich deren positive Möglichkeiten: er konstatiert nur „le premier moi avec ses lacunes" (Janet).

Je ausgesprochener solche unterbewußte Tendenzen oder Funktionszusammenhänge („Persönlichkeiten") sind, je bestimmtere Form sie angenommen, desto mehr muß mit dieser „préférance" gerechnet werden, bzw. mit ihrer Kehrseite, d. h. mit dem, was später Freud als „Widerstand" bezeichnete. Die Besinnung auf die psychologischen Grundlagen dieser Vorgänge, nämlich die Konkurrenz individueller Tendenzen und ihren individuell zu formenden Ausgleich, scheint um so mehr geboten, als die Konstruktionen Freuds die Verhältnisse nicht unwesentlich verändert haben. So wird dort z. B. der Widerstand dem Patienten als Ausdruck seiner Neurose zur Last gelegt, auch wenn er in der Tat nur die psychoanalytische Theorie nicht annehmen kann[1]). Eine Theorie darf natürlich nie allein darüber entscheiden, ob ein „Widerstand" neurotisch ist oder nicht. Der „Widerstand" Janets kann auch dem „bevorzugten" Suggestor gegenüber wachsen, und zwar je vollständiger sich die Psyche konstituiert — vgl. den allmählichen Ausgleich in der Entwicklung Félidas —, er kann also geradeswegs ein Zeichen der Heilung sein. Denn nur solange psychische Inhalte, die eigentlich dem Bewußtsein integriert sein sollten, nur unterbewußt wirksam sind, bleibt das Individuum unselbständig und für hypnotische Praktiken oder Doktrinen in abnormer Weise zugänglich (vgl. S. 141). Janet erblickte die Ursache für ein

[1]) Vgl. dazu Nachmansohn, Die wissenschaftlichen Grundlagen der Psychoanalyse Freuds, Darstellung und Kritik, Berlin 1928, bei S. Karger, Karlstr. 39, ursprünglich erschienen in Heft 45 der „Abhandlungen aus der Neurologie, Psychiatrie, Psychologie und ihren Grenzgebieten".

abnormes Überwiegen solcher psychischen Automatismen in einer Schwäche der synthetischen Fähigkeit des Bewußtseins und nannte dieses Krankheitsbild „Psychasthenie"[1]).

Wie jeder Automatismus das Ergebnis seiner voraufgegangenen Synthese ist, so entsteht anderseits durch synthetisierende Bemühung fortgesetzt neues Material für künftige Automatismen. Die gleiche (synthetisierende) Aktivität ist also sowohl Ursache wie Hemmnis des Automatismus: in dem Maße, wie sie nicht zu weiterführenden Synthesen verwandt wird, bleibt das Feld dem bereits Synthetisierten überlassen zum automatischen Ablauf.

Es ist von Bedeutung, daß auch Jung (noch während seines Universitätsstudiums Ende der neunziger Jahre) Gelegenheit hatte, einen den klassischen französischen Darstellungen nicht unähnlichen Fall von hysterischer Persönlichkeitsspaltung zu beobachten[2]). Das Mädchen, das er zwei Jahre lang studierte, war $15^1/_2$ Jahre alt, als ihre Schwestern die Beobachtung machten, daß man von ihr sehr merkwürdige Antworten auf Fragen bekommen konnte, die man an die Schlafende richtete. Mit andern Worten, man hatte somnambule Fähigkeiten bei ihr entdeckt, das Mädchen war das, was man ein „Medium" nennt. Durch Hypnose geriet sie leicht in „Trance", aus der sie später wie aus einem Schlaf wieder erwachte. Während dieses Tranceschlafes manifestierten sich nun mehrere „Persönlichkeiten" oder „Charaktere" — der Spiritist würde sagen: „Spirits". Jung machte die Beobachtung, daß es ihm möglich war, durch Suggestion die eine oder die andere Persönlichkeit anzureden oder aufzurufen, ja mehr — einen bildenden, „erziehlichen" Einfluß auf jene „unbewußten Figuren" zu nehmen.

1) Asthenisch = kraftlos, schwach.

2) Der Fall ist publiziert in Jung: Collected papers on analytical psychology; ursprünglich deutsch erschienen bei Oswald Mutze, Leipzig 1902, unter dem Titel: „Zur Psychologie und Pathologie sog. occulter Phänomene".

So unerklärlich ihm diese Phänomene zunächst schienen — eines zeigten sie wohl deutlich: daß, psychologisch gesprochen, hinter der „bewußten" Welt merkwürdigerweise eine andere, phantastische verborgen war, mit der das Mädchen in Kontakt zu kommen vermochte. Die Phantasievorgänge, die in ihrem Tranceschlaf offenbar wurden, konnten trotz ihrer Befremdlichkeit nicht völlig absurd sein. Es war anzunehmen, daß sie einen Sinn hatten, der aus der Psyche des Mädchens zu begreifen war. Das Medium stammte aus einer ehemals sehr angesehenen, aber kulturell wie finanziell heruntergekommenen Familie. Sie lebte in sehr engen Verhältnissen, die ihrem Bildungs- und Entwicklungsbedürfnis in keiner Weise genügen konnten. Bezeichnenderweise war eine ihrer unterbewußten Manifestationen eine weibliche Idealgestalt, ausgestattet mit all den Vorteilen geistiger und materieller Art, die ihr selbst fehlten. Jung vermutete in der idealisierten Figur Materialien des zum Durchbruch drängenden späteren Charakters des Mädchens, während die andern Gestalten des Trancezustandes Personifikationen ihrer zur Ausscheidung bestimmten Charaktereigenschaften zu sein schienen. Tatsächlich schien die fernere Entwicklung dem recht zu geben.

Zunächst freilich war das Mädchen aus Not und Anlage und bestärkt von dem allgemeinen Interesse, dem sie in den Séancen begegnete, in eine gefährliche Welt unrealer Phantasmen geraten und schien weiter entfernt als je, ihre Lage wirklich zu bessern. Eines Tages aber brach die falsche Herrlichkeit zusammen: die Phantasieproduktion hatte sich allmählich erschöpft, den Séancen fehlte der Inhalt, sie arteten in Betrug aus und nahmen infolgedessen ein Ende. Damit hatte aber auch das krankhaft gesteigerte Phantasieleben des Mädchens das normale Ende erreicht, sie fand sich gleichsam in einer veränderten realen Welt wieder, in der sie jetzt zu arbeiten imstande war. Sie bildete sich zur Schneiderin aus und ging später nach Paris, wo sie ein eigenes Atelier erwarb und geschätzt war wegen ihres originellen und guten Geschmackes.

Etwa zu gleicher Zeit — Mitte der 90er Jahre — erschien von den Wiener Ärzten J. Breuer und S. Freud ein Buch[1]), in dem ein ursächlicher Zusammenhang der Hysterie, unter welchem Namen alle bisher besprochenen psychischen Erscheinungen zusammengefaßt werden, mit der Sexualität wissenschaftlich aufgezeigt werden sollte. Diese Auffassung war nicht neu, sondern seit den ältesten Zeiten vertreten. Ja, der Name Hysterie kommt bekanntlich her von „hystéra", dem griechischen Wort für Uterus, und stammt nach Galen[2]), der die Überlieferungen des Hippokrates bearbeitete, von den Weibern, die sich bei den Alten mit der Behandlung der Krankheiten des eigenen Geschlechts abgaben. Jene Weiber sollen auch, wie Galen meint[3]), die „confrication de la vulve" als Mittel zur Kupierung hysterischer Anfälle erfunden oder wenigstens angewandt haben. Bis ins vergangene Jahrhundert sahen die Ärzte im sexuell unbefriedigten Uterus die Ursache der Hysterie — anfangs im grob materiellen Sinne, indem der Uterus als hungriges Tier vorgestellt wurde, das im Körper auf und ab steigt, später verfeinert als Säfte (Humoralpathologie, „retentio seminis" [!]) oder „Vapeurs", eine Bezeichnung, die im 17. und noch im 18. Jahrhundert für Hysterie üblich war.

Neben dieser Sexualtheorie der Hysterie gab es allerdings seit alters her eine Auffassung, die in der Hysterie eine „heilige Krankheit" sah. Die Hippokratischen Schriften bezeichnen sie so

[1]) Studien über Hysterie, 1. Auflage 1895, 3. unveränderte Auflage 1916 bei Franz Deuticke, Leipzig und Wien.

[2]) Vgl. Briquet, Traité clinique et thérapeutique de l'hystérie, Paris, Baillère et fils, 1859.

[3]) Vgl. Briquet, l. c. S. 126f.

und die Priestermedizin von Babylon und Ägypten, der Heiligtümer von Epidaurus und anderen Orten[1]) arbeitete mit den Mitteln der Suggestion, des Tempelschlafs, also bereits psychologisch, indem sie offenbar weniger interessiert war an den Ursachen der Zustände als an dem Inhalt, der in ihnen erlebt wurde.

Erst im 19. Jahrhundert drang in der Ärzteschaft die allerdings schon hundert Jahre früher von Sydenham vertretene Anschauung durch, die als materielles Substrat der hysterischen Erscheinungen das Zentralnervensystem ansah, wodurch auch in der Medizin eine psychologische Betrachtungsweise wenigstens angebahnt wurde. Denn von den supponierten, aber nicht näher bekannten „feinsten Veränderungen der Großhirnrinde" schien der Weg nicht mehr weit zu den psychischen Vorgängen als solchen, die sich in gröberen materiellen Verkleidungen bisher dem Blick entzogen hatten.

Die Hoffnung Briquets freilich, daß der Vers des Dichters, der von der Hysterie sagte: „C'est Vénus tout entière attachée à sa proie", der Vergangenheit angehöre und das sexuelle Odium ihr für immer genommen sei, schien zuschanden zu werden, als die therapeutisch-psychologische Erschließung der Hysterie das Problem wieder von der Seite her in Angriff nahm, die der populären Anschauung von jeher nahegelegen hatte.

2. Die Traumahypothese (Katharsis)

Breuer und Freud entwickelten folgende Auffassungen über Entstehung und Heilung der Hysterie: Die verschiedensten Symptome, die man bisher für „spontane Leistungen" der Hysterie angesehen hatte, stehen in Zusammenhang mit einem veran-

---

[1]) Vgl. Arnold Sack, Hippokrates, Berlin 1927 bei Jul. Springer. Ferner: C. A. Meier, Antike Incubation und Moderne Psychotherapie, Rascher Verlag Zürich, 1949.

lassenden psychischen Trauma[1]). „Als solches kann jedes Erlebnis wirken, welches die peinlichen Affekte des Schreckens, der Angst, der Scham, des psychischen Schmerzes hervorruft, und es hängt begreiflicherweise von der Empfindlichkeit des betroffenen Menschen . . . ab, ob das Erlebnis als Trauma zur Geltung kommt"[2]).

Der Zusammenhang ist freilich nicht immer direkt erkennbar. Er ist entweder den Kranken selbst unbekannt, so daß es nicht gelingt, ihn durch einfaches Ausfragen aufzudecken, oder „es besteht nur eine sozusagen symbolische Beziehung zwischen der Veranlassung und dem pathologischen Phänomen, wie der Gesunde sie wohl auch im Traume bildet, wenn etwa zu seelischem Schmerze sich eine Neuralgie gesellt oder Erbrechen zu dem Affekt moralischen Ekels"[3]).

In diesem Sinne könne man sagen: „Der Hysterische leide größtenteils an Reminiszenzen" — an Erinnerungen affektvoller Art, mit denen er seinerzeit nicht fertiggeworden, weil eine angemessene Reaktion auf das Ereignis (Trauma) ausgeblieben sei. In welcher Weise das gemeint war, geht aus folgendem hervor: „Die Reaktion des Geschädigten auf das Trauma hat eigentlich nur dann eine völlig ‚kathartische' (‚reinigende') Wirkung, wenn sie eine adäquate Reaktion ist, wie die Rache", sagt Freud[4]). Doch hält er die Sprache für ein „Surrogat für die Tat", mit dessen Hilfe der Affekt „nahezu ebenso ‚abreagiert' werden" könne[4]).

Man nahm an, daß ein solches Trauma „resp. die Erinnerung an dasselbe sonst nach Art eines Fremdkörpers weiterwirke"[5]).

---

[1]) Trauma, griech. = Wunde.
[2]) Breuer und Freud, Studien über Hytserie, 1895 bei Deuticke, Leipzig und Wien.
[3]) l. c. S. 3.
[4]) l. c. S. 6.
[5]) Vgl. l. c. S. 4.

Das betreffende Ereignis konnte gänzlich in Vergessenheit geraten, z. B. wenn „es sich um Dinge handelte, die der Kranke vergessen wollte, die er darum absichtlich aus seinem bewußten Denken verdrängte, hemmte und unterdrückte. Gerade solche peinliche Dinge findet man dann in der Hypnose als Grundlage hysterischer Phänomene (hysterische Delirien der Heiligen und Nonnen, der enthaltsamen Frauen, der wohlerzogenen Kinder)"[1]).

Hier wird zum ersten Male der Verdrängungsgedanke bei Freud erwähnt, und zwar, wie aus den angefügten Beispielen hervorgeht, wesentlich in Verbindung mit der Sexualität — eine Verbindung, die bei Freud in der Folge dominieren sollte. Zunächst bleibt freilich die „Verdrängung" dieser „peinlichen Ereignisse" noch Sonderfall unter jenen, wo ganz allgemein „eine Reaktion auf ein Trauma unterblieben ist"[1]).

Weitere Fälle sind jene, in denen nicht reagiert wurde, „weil die Natur des Traumas eine Reaktion ausschloß wie beim unersetzlich erscheinenden Verlust einer geliebten Person, oder weil die sozialen Verhältnisse eine Reaktion unmöglich machten"[2]).

Ferner können Reaktionen ausbleiben, wenn die betreffenden Ereignisse bzw. Vorstellungen, „ohne an sich bedeutungsvoll zu sein, ihre Erhaltung dem Umstande danken, daß sie in schweren lähmenden Affekten, wie z. B. Schreck, entstanden sind, oder ... in abnormen psychischen Zuständen ..."[3]), wenn also bereits eine „Bewußtseinsspaltung" vorlag.

Daß eine solche bei jeder Hysterie wenigstens angedeutet vorhanden sei, hatte schon Möbius 1890 ausgesprochen: „Grundlage und Bedingung der

[1]) l. c. S. 7.

[2]) Vgl. zu letzterem das Buch von Charles E. Maylan, Freuds tragischer Komplex, eine Analyse der Psychoanalyse, 2. Auflage 1929, bei Ernst Reinhardt, München. Man darf annehmen, daß auch der auffallende Gedanke, daß nur die Rache eine adäquate Reaktion mit völlig kathartischer Wirkung sei, erst aus der persönlichen Psychologie Freuds selbst ganz verständlich wird.

[3]) l. c. S. 8 f.

Hysterie ist die Existenz von hypnoiden Zuständen"[1]). Ein „Trauma" sollte nun entweder als Veranlassung zur Spaltung gelten oder eine bereits bestehende Spaltung die Bedingung dafür sein, daß irgendein Ereignis „traumatischen" Charakter annehme. Die Therapie sollte den bei Gelegenheit des Traumas entstandenen Affekt wiedererwecken, ihn zur „assoziativen Korrektur" bringen, den affektbetonten Gedanken ins „normale Bewußtsein" aufnehmen, um so die „Vereinigung der abgespaltenen psychischen Gruppen mit dem Ichbewußtsein durchzusetzen"[2]).

Dies in kurzem der Tatbestand der 1892 geschriebenen „Vorläufigen Mitteilung über den psychischen Mechanismus hysterischer Phänomene"[3]). Als der Aufsatz im Jahre 1895 als Buch wiedererschien, hatte sich die theoretische Auffassung insofern geändert, als das Vorwort behauptete, die dem Aufsatz nunmehr beigegebenen Krankengeschichten brächten den Nachweis, „daß die Sexualität als Quelle psychischer Traumen und als Motiv der ‚Abwehr', der Verdrängung von Vorstellungen aus dem Bewußtsein, eine Hauptrolle in der Pathogenese der Hysterie spiele"[4]).

Liest man die dem Buche beigegebenen Krankengeschichten unter diesem Gesichtspunkte, so ist bei dem ersten Falle (Anna O., Breuer) das Ergebnis negativ, insofern Breuer sagt, daß die (21jährige) Kranke, „deren Leben ihm durchsichtig wurde wie selten das eines Menschen einem andern, nie eine Liebe gehabt und in all den massenhaften Halluzinationen ihrer Krankheit niemals dieses (sexuelle) Element des Seelenlebens emporgetaucht sei"[5]).

Bei Freuds erstem Falle — einer 40jährigen Witwe, die mit 23 Jahren geheiratet und nach kur-

---

[1]) l. c. S. 8f.
[3]) Vgl. l.c. 13 und 106.
[2]) Vgl. Neurologisches Zentralblatt 1893, Nr. 1 und 2.
[4]) l. c. Vorwort.
[5]) l. c S. 14.

zer Ehe ihren Mann verloren hatte — lag es allerdings zutage, und es ist um so befremdlicher, daß es Freud, den seine Suche nach „Traumen" völlig gefangennahm, gar nicht gemerkt zu haben scheint. Oder wie soll man es sonst verstehen, wenn er sagt: „Es ist mir auch aufgefallen (!), daß in all den intimen Mitteilungen, die mir die Patientin machte, das sexuelle Element, das doch wie kein anderes Anlaß zu Traumen gibt, völlig fehlte"[1]). Wohl aber hat Freud, damals junger Arzt von etwa 30 Jahren, die wenig ältere Frau „am ganzen Körper massiert", dann (!) hypnotisiert und aus dem Hypnosezustand heraus sich ihre „Traumen" berichten lassen.

Im folgenden dritten Falle wird hauptsächlich zu zeigen versucht, wie die bei einem „Trauma" entstehenden psychischen Erregungssummen („Affekte") durch absichtliche Verdrängung des Anlasses aus dem Bewußtsein den „falschen Weg zu einer körperlichen Innervation finden" können. Diesen Vorgang nannte Freud „Konversion": die von einer mit lebhaftem Affekt „besetzten" Vorstellung ausgehende Erregung wird in ein körperliches Phänomen „konvertiert".

Auch im fünften Falle werden die körperlichen Beschwerden — es handelt sich um Schmerzen in den Beinen — in der Hauptsache als Konversionserscheinung aufgefaßt. Die Patientin ging mit vorgebeugtem Oberkörper, klagte über große Schmerzen und rasche Ermüdung beim Gehen und Stehen. Im Laufe der analytischen Ausforschung überraschte sie eines Tages den Arzt mit der Mitteilung, sie wisse nun, warum die Schmerzen gerade immer von jener Stelle des Oberschenkels ausgingen und dort am heftigsten seien. An dieser Stelle habe, als sie noch ihren kranken Vater pflegte, jeden Morgen sein geschwollenes Bein geruht, während sie die Binden erneuerte. Die

[1]) l. c. S. 88. Hervorhebungen vom Verfasser.

Pflege des Vaters stand für sie mit einer Reihe wichtiger Erlebnisse in enger Beziehung. Gleichwohl hatte sie an diese Zusammenhänge bislang nie gedacht.

Hier kommt nun aber Freud noch zu einer wichtigen Erweiterung seiner Auffassung. Er sagt: „Wenn die Kranke die Erzählung einer ganzen Reihe von Begebenheiten mit der Klage schloß, sie habe dabei ihr „Alleinstehen" schmerzlich empfunden, bei einer andern Reihe ... nicht müde wurde zu wiederholen, das Schmerzliche daran sei das Gefühl ihrer Hilflosigkeit ..., die Empfindung, „sie komme nicht von der Stelle", so mußte ich auch ihren Reflexionen einen Einfluß auf die Ausbildung ihrer Gehstörung einräumen, mußte ich annehmen, daß sie direkt einen symbolischen Ausdruck für ihre schmerzlich betonten Gedanken gesucht und ihn in der Verstärkung ihres Leidens gefunden hatte"[1]). Freud hielt also die Gehstörung nicht nur für den körperlichen Ausdruck eines „verdrängten" Gedankenzusammenhanges („psychische assoziative Funktionslähmung"), sondern zugleich auch für den symbolischen Ausdruck eines Urteils über die ganze Situation („symbolische Funktionslähmung"). Die Patientin, meint er, habe die Gehstörung „durch Symbolisierung geschaffen oder gesteigert", für ihre Ohnmacht, die Verhältnisse zu ändern, den „körperlichen Ausdruck" gefunden, der den „ursprünglichen Wortsinn" der Sprache „wiederherstellt" oder vielleicht „weniger den Sprachgebrauch zum Vorbild nimmt, als mit ihm aus gemeinsamer Quelle schöpft"[2]). Weitere Beispiele dafür sind Fälle, in denen gewisse Erlebnisse von der Empfindung eines Stiches in der Herzgegend begleitet sind („Es hat mir einen Stich ins Herz gegeben") oder sich der „nagelförmige Kopfschmerz" der Hy-

[1]) l. c. S. 132 u. f.
[2]) Vgl. l. c. S. 154 und 159f.

sterie als Denkschmerz erweist („Es steckt mir etwas im Kopf"), oder wenn eine Sängerin von einer nervösen Stimmstörung befallen wird („Würgen und Schnüren in der Kehle"), die an die Redewendung „etwas herunterschlucken" gemahnt, die man bei unerwiderter Beleidigung gebraucht.

Die Traumatheorie war nicht imstande, eine eigentliche Psychologie der Hysterie zu geben. Sie ist aber ein wichtiger Schritt auf dem Wege zu einer Psychologie der Neurosen überhaupt.

Inzwischen war alles, was man psychologisch erreichte, daß man auf die Affekte aufmerksam wurde, die irgendeinem — häufig sehr banalen — Ereignis den Charakter eines Traumas zu geben imstande waren. Durch nachträgliches „Abreagieren" des Affekts glaubte man die Vorstellung, an der er „haftete", von ihm zu befreien, so daß sie sich — gleichsam farblos und unschädlich geworden — dem psychischen Ganzen ohne Störung wieder einfügen ließ. Einer späteren glücklichen Formulierung von Bleuler folgend kann man sagen, daß Affekte sich immer an Stellen mangelhafter „Angepaßtheit" finden. Wenn also Affekte imstande sein sollen, jahrelang „nach Art eines Fremdkörpers" in der Seele und im Körper Unheil anzurichten, so heißt das p s y c h o l o g i s c h nichts anderes, als daß zu dem in Rede stehenden Problem noch immer die gleiche unzureichende Einstellung vorhanden ist. Eine Therapie des bloßen „Abreagierens" nützt daher letztlich gar nichts, wenn die Einstellung nicht revidiert wird, und das kann auch geschehen, ohne daß „abreagiert" wird. Dennoch ist es der Traumatheorie gegangen wie noch jeder psychologischen Theorie: man hat sie nicht als möglichen Gesichtspunkt angewandt, sondern für den konkreten Tatbestand gehalten, an den die Genesung erbarmungslos geknüpft ist. Und so ist es gekommen, daß noch heute manche Patienten „Traumen" therapeutisch abreagieren müssen, bevor sie „geheilt entlassen" werden. Das stellt natürlich das psychologisch Richtige der Beobachtungen von Breuer und Freud völlig auf den Kopf.

Überdies kann die „Abreaktion" nicht nur nützlich, sondern auch schädlich wirken, worauf W. MacDougall und C. G. Jung aufmerksam gemacht haben[1]). Denn es kommt wesentlich nur auf die Frage an, ob die Dissoziation der Psyche behoben wird. Diese kann aber durch sinnloses „Abreagieren" vertieft und geradezu sanktioniert werden.

3. Die „Psychoanalyse" (Freud)

Das nächste, was Freud erkannte, war, daß die Möglichkeit der psychologischen Auflösung sich nicht auf das Krankheitsbild beschränkte, das die klinische Medizin unter „Hysterie" versteht. Er entschloß sich daher, auch alle andern Formen von funktioneller Nervenstörung daraufhin zu prüfen, ob ihnen jene „Bewußtseinsspaltung" zugrunde lag. Das schien in der Tat der Fall, und Freud sprach daher — in der Annahme, daß die „Verdrängung" einer dem Bewußtsein unverträglichen Vorstellung der Grund für die Spaltung sei — ganz allgemein von „Abwehr"-neurosen, unter welchem Namen er Hysterie, Zwangsvorstellungen und Phobien zusammenfaßte.

Bei allen diesen Neurosen schien bewußte Willensanstrengung einer unverträglichen Vorstellung den Affekt, die Erregungssumme entrissen zu haben mit dem Erfolge, daß die Vorstellung selbst dadurch gleichgültig wurde, während die frei werdende Erregung entweder in körperliche Symptome abfloß (Konversionshysterie) oder auf nicht-unver-

[1]) Vgl. W. Mac Dougall, Besprechung einer Arbeit von William Brown über „Revival of Emotional Memories", Okt.-Nr. 1920 der Medical Section des Brit. J. of Psychology, und C. G. Jung, Zur Frage des therapeutischen Wertes der „Abreaktion".

trägliche **psychische** Inhalte. Diese wurden durch die aus fremder Quelle stammende „Affektladung" zu **Zwangsvorstellungen** oder **Phobien**[1]).

Freud sprach daher von einer **Quantität** der psychischen Erregung, dem Affektbetrag, der einer „Vergrößerung, Verminderung, der Verschiebung und der Abfuhr fähig ist ... und sich über die Gedächtnisspuren der Vorstellungen verbreitet, etwa wie eine elektrische Ladung über die Oberfläche der Körper"[2]).

Inzwischen hatte sich ihm die Erkenntnis aufgedrängt, daß der Grund zur Abwehr — oder eben zur „Spaltung" — stets in sexuellen Momenten zu suchen sei. Er glaubte aber ferner, daß nicht nur die Abwehrneurosen, sondern auch die einfache Nervenschwäche (Neurasthenie) sexuellen Ursprungs sei. Für die ersteren postulierte er ein „sexuelles Kindertrauma" (Verführung u. ä.), für die letztere irgendwelche aktuelle Schädigungen des Sexuallebens. Seine Annahme war, daß die körperliche Sexualerregung (= „Spannung") sich von einem gewissen Grade an in psychische Erregung umsetze und ihre **abnorme Verwendung** eine Neurose zur Folge habe. Bei „unangemessener" Verwendung trat Nervenschwäche auf, bei sexueller Enthaltsamkeit dagegen Angstneurose[3]). Die „frei flottierende" Angst kann jeden Inhalt ergreifen, der an sich keine Beziehung auf Sexuelles erkennen zu lassen braucht. Erst der Analyse wird dieser Zusammenhang erkennbar. Sowohl Angstneurosen wie Abwehrneurosen wiesen also in der gleichen Richtung, so daß die psychologische Analyse auf eine

---

[1]) phobos, griech. = Furcht. Freud nennt das „falsche Verknüpfung" (vgl. Ges. Schr. Bd. I S. 297), womit wohl ausgedrückt wird, daß der Affekt sich nicht an jede beliebige, sondern an eine mit der Ausgangsvorstellung inhaltlich verwandte Vorstellung anhängt, wie man wenigstens aus Bd. I S. 234f. schließen muß, wo der „Übertragung" erstmalig Erwähnung geschieht, die er auch unter den Begriff der „falschen Verknüpfung" subsumiert.

[2]) Bd. I S. 305.

[3]) Bd. I S. 344. „... so ergibt sich die Behauptung, daß freiwillige oder unfreiwillige Abstinenz, sexueller Verkehr mit unvollständiger Befriedigung, Coitus interruptus, Ablenkung des psychischen Interesses von der Sexualität ... die spezifischen ätiologischen Faktoren der Angstneurose seien."

Rückübersetzung auf Sexuelles hinauskam[1]).

Begreiflicherweise waren solche sexuelle „Ursachen" sowohl bei der einfachen Neurasthenie wie bei den „Psychoneurosen" — wie die „Abwehrneurosen" auch genannt wurden — unschwer aufzufinden. Da obendrein das Postulat vom „sexuellen Kindertrauma" als spezifische Ursache für die Psychoneurose gelten sollte, gewann der sexuelle Gesichtspunkt um so mehr an Wahrscheinlichkeit, weil es kein Gegenargument schien, wenn der Patient selbst von einem solchen Trauma gar nichts wußte. Das sexuelle Moment lag ja hier in einer „sozusagen prähistorischen Lebensepoche", es war „in einem bestimmten Sinne nur — vergessen worden"[2]).

Die „Reminiszenzen", die dem psychischen Konflikt der Psychoneurosen zugrunde lagen, waren also „verdrängte Gedanken", die in „logischem oder assoziativem Zusammenhange" mit infantilen Sexualerlebnissen standen[3]). Inzwischen erfuhr die Behandlungstechnik insofern eine Änderung, als Freud die Hypnose aufgab und sie durch die Methode des „freien Einfalls" ersetzte. Nicht alle Patienten waren hypnotisierbar, und die Erfahrungen an der Bernheimschen Klinik hatten überdies gezeigt, daß die Patienten auch im Wachzustande sich ihrer Erlebnisse, die sie in der Hypnose gehabt, zu erinnern vermochten, wofern jede äußere Ablenkung vermieden wurde.

Da eine solche Ablenkung nur von Ereignissen des Wachlebens bzw. von Urteilen des „Wachbewußtseins" kam, lautete von nun an die Regel (psy-

---

[1]) Vgl. dazu Bd. I S. 299; auch 413 u. S. 446, wo es heißt: „. . . so darf man sich die Symptomatik in Ätiologie übersetzen und dann von den Kranken dreist die Bekräftigung seiner Vermutungen verlangen. Anfänglicher Widerspruch darf einen nicht irre machen; man besteht fest auf dem, was man erschlossen hat, und besiegt endlich jeden Widerspruch dadurch, daß man die Unerschütterlichkeit seiner Überzeugung betont." — Eine recht bedenkliche Anweisung für den Arzt!

[2]) Bd. I S. 445.

[3]) Bd. I S. 426f.

choanalytische Grundregel), daß der Patient sich vorzunehmen habe, alle Einfälle unbedingt und ohne jede Einschränkung auszusprechen, wie sie sich ihm darböten. Keiner sei — unter welcher Begründung immer — abzuweisen, möge er noch so unwichtig, nicht zur Sache gehörig, unpassend oder wie immer erscheinen.

Indem sich der Patient seinen Einfällen völlig überließ, bahnte er den Weg zu jenem Bewußtseinszustande, der sonst in der Hypnose zu Wort kam, wenn das Tagesbewußtsein mehr oder minder tief im Schlafe lag. Der „freie Einfall“ war gleichsam ein Kunstgriff, um die dem „Normalzustand“ eigentümliche Richtung zu umgehen und „bewußtseinsfremdes“ Material bzw. andere Einstellungsmöglichkeiten dem Bewußtsein zu präsentieren.

Das Verfahren bot der Hypnose gegenüber den großen Vorteil, daß es dem Arzt Einblick in die seelische Dynamik des Kranken gab. Nicht alle Einfälle stellten sich widerspruchslos ein. „Widerstände“ wurden deutlich, und zwar den Einfällen gegenüber, auf denen für gewöhnlich der Druck der „Verdrängung“ lastete.

Gelang es dem Patienten in dieser Weise, die Bewußtseinseinstellung auszuschalten und sich auf sein Inneres zu konzentrieren, so waren ihm seine eigenen Einfälle selbst oft so verwunderlich, daß Freud fast den „Eindruck einer überlegenen Intelligenz außerhalb des Bewußtseins“ gewann, „die ein großes psychisches Material ... geordnet hält und ein sinnvolles Arrangement für dessen Wiederkehr ins Bewußtsein getroffen hat“[1]). Der Patient produzierte freilich nicht immer „vergessene Erinnerungen“, die einfach die theoretische Erwartung des Arztes bestätigten, weit häufiger war es Material, das Freud für „Mittelglieder zwischen der Ausgangsvorstellung

[1]) Ges. Schr. Bd. I S. 198. — Auch dies eine sehr problematische und folgenschwere Annahme!

und der gesuchten pathogenen" hielt[2]). Gesucht aber wurde natürlich das, was die Theorie postulierte, und wenn der Arzt zwar vom Patienten völlige Unbefangenheit forderte, so ist nicht zu vergessen, daß er sich selbst davon in bedeutsamer Weise ausschloß und das Schema seiner Lehre als unausgesprochene Direktive immer im Hintergrund hatte. Wenn auf dem Wege des „Phantasierens" — nichts anderes ist der „freie Einfall" — Sinnzusammenhänge gesucht wurden, die über die Bewußtseinseinstellung hinausgingen, so war die unausgesprochene Voraussetzung die, daß Bewußtsein sexualhemmend wirke und die Ausschaltung desselben sexuelle Triebvorgänge bloßstelle. Daß darin eine petitio principii liegt, ist deutlich. Richtig ist nur, daß, w e n n die bewußte Einstellung (im Übermaß) sexualhemmend wirkt, die nächsten Phantasiemotive sexueller Natur sein dürften.

Als hiermit die Umrisse der „psychischen Spuren", aus denen die Erscheinungen der Psychoneurosen „vermittels der Nachträglichkeit"[1]) entstanden sein sollten, theoretisch festgelegt schienen, konnte Freud zum ersten Male im Jahre 1898 verkünden, daß er, auf Breuers „kathartischer Methode" fußend, ein therapeutisches Verfahren ausgearbeitet habe, welches er das p s y c h o a n a l y t i s c h e nennen wolle. In den „Studien über Hysterie" und den „frühen Arbeiten zur Neurosenlehre" sind bereits alle Themen angeschlagen, deren Weiterführung das Lehrgebäude der Psychoanalyse bildet.

Diese Entwicklung ließ schließlich das ursprüngliche Objekt, die Neurosen, weit hinter sich, behielt aber gleichwohl die an ihnen gewonnene Auffassung bei. Während also die Voraussetzungen unverändert blieben, verlor sich das Objekt immer mehr im allgemeinen und bildete zuletzt jenen Wirbel, in den

[1]) Vgl. l. c. Bd. I S. 197; pathogen = krankmachend.
[2]) Vgl. l. c. Bd. I S. 460.

Geisteswissenschaften, Kunst, Religion, Völkerkunde und vieles andere mehr hereingerissen wurden, als man sich anschickte, alle gegenwärtigen und vergangenen Kulturen in den Nebel des Neurosenschemas zu hüllen[1]).

4. Die „Diagnostischen Assoziations-Studien“ (C. G. Jung)

Wenn wir jetzt zunächst das Wesen der Einfallsmethode näher betrachten wollen, so wenden wir uns — der Entwicklung der Freudschen Ideen vorgreifend — den Arbeiten der Züricher Psychiatrischen Klinik zu, die in den „Diagnostischen Assoziationsstudien“ [2]) vorliegen. Die dort benutzte Methodik war von Wundt in die Psychologie eingeführt und von der Kräpelinschen Schule und namentlich von Aschaffenburg auf die Psychopathologie übertragen worden.

Die Anordnung der Versuche war folgende: Man stellte ein Formular von etwa hundert beliebigen Wörtern („Reizwörtern“) zusammen, die dem Patienten bzw. der Versuchsperson der Reihe nach zugerufen wurden. Die Versuchsperson war instruiert, auf jedes Wort so rasch wie möglich das, was ihr zunächst dazu einfiel, zu antworten. Die vom Zuruf bis zur Antwort verstreichende Zeit wurde mit der Fünftel-Sekunden-Uhr gemessen, die Antwort (Reaktion) und die Reaktionszeit im Formular notiert und die Antworten nachher analysiert, d. h. gemeinsam mit der Versuchsperson in den für sie gerade aktuellen individuellen Zusammenhang ge-

---

[1]) Absurde Beispiele dafür veröffentlicht die psychoanalytische Zeitschrift „Imago“.

[2]) Diagn. Ass. Studien, Beiträge zu experimentellen Psychopathologie, herausg. von Dr. C. G. Jung, 3. unveränderter Abdruck 1915 bei Joh. Ambr. Barth, Leipzig (1. Auflage 1903).

bracht. Jung nennt den Assoziationsvorgang einen außerordentlich flüchtigen, variablen psychischen Vorgang, der unter dem Einfluß unzähliger psychischer Ereignisse steht, die der bewußten Kontrolle zumeist entzogen sind. In erster Linie wird er von der Aufmerksamkeit gerichtet, die mit „zahllosen Fäden den Assoziationsvorgang an alle übrigen im Bewußtsein repräsentierten Phänomene psychischer und körperlicher Provenienz knüpft"[1]).

Man beobachtete nun Folgendes: Wird die Aufmerksamkeit abgelenkt, so tritt im allgemeinen eine Verflachung des Reaktionstypus ein, d. h. die mit der Psychologie der Versuchsperson in tieferem Zusammenhange stehenden Assoziationen treten zurück zugunsten der mehr äußerlichen, sprachlich-motorischen und Klangassoziationen. Das psychologisch wichtigste Moment der Aufmerksamkeitsablenkung liegt innerhalb der Psyche selber, und zwar in den von Jung als affektbetonte Komplexe bezeichneten Inhalten. Unter gefühlsbetontem Komplex verstand er die Gesamtzahl der auf einen bestimmten gefühlsbetonten Zusammenhang sich beziehenden Vorstellungen. „Komplexe" wirken gleichsam als Zentren, die die psychische Energie ansaugen, für sich mit Beschlag belegen und daher die Aufmerksamkeit von der Außenwelt ablenken. Wenn also oberflächliche Reaktionsformen beim Assoziationsexperiment auftreten, so ist das im allgemeinen ein Zeichen dafür, daß durch das Reizwort ein „Komplex" berührt oder „konstelliert" wurde.

Daneben spielt natürlich der Bildungsgrad eine Rolle beim Zustandekommen der Reaktionen.

„Äußerliche" und besonders reine Klangreaktionen treten bei Gebildeten sehr häufig auf. Hier sind sie aber als willkürliche Bevorzugung eines bestimmten Reaktionsmodus anzusehen. In solchen Fällen wird dann gerade durch Ablenkung — wenn es gelingt,

[1]) Vgl. l. c. S. 8.

eine solche zustande zu bringen — das Hervortreten eines hochwertigeren Assoziationstypus begünstigt.

Als allgemeine Regel läßt sich aufstellen, daß in Fällen, wo es gelingt, den Reaktionsvorgang aus dem Blickpunkt der Aufmerksamkeit zu rücken, alle diejenigen Assoziationsformen auftreten, die bei klarbewußtem Reaktionsakt nicht erfolgen.

Die individuellen Schwankungen im Assoziationsprozeß lassen sich in folgende Typen gruppieren:

1. Der sachliche Typus. Er erfaßt das Reizwort in seinem objektiven Bedeutungssinn, reagiert dementsprechend oder faßt das Reizwort als rein sprachlichen Reiz auf.

2. Der egozentrische Typus. Er reagiert in subjektiver Weise, verwendet persönliche Elemente, die einem oder mehreren „Komplexen" angehören und entweder unverhüllt ausgesprochen oder in verhüllter Form angedeutet werden; in welchem Fall eine „Verdrängung" vorliegt, die bewußt oder nicht bewußt sein kann. — Auch der Wertprädikattypus gehört hierher: er reagiert stets mit einer Bewertung (Ablehnung oder Zustimmung).

Das Assoziationsformular ermöglichte zugleich einen klaren Überblick über die dynamischen Verhältnisse der untersuchten Psyche. Die Dynamik kam zum Ausdruck im Verhalten der Reaktionszeit, d. h. dem Intervall zwischen Zuruf und Antwort. Das Reizwort, das einen „Komplex" konstelliert, hat eine zu lange Reaktionszeit, und solange die angeregte Gefühlswelle mitklingt, liegt die Reaktionszeit auch noch bei den folgenden Reizworten über dem Mittel. Das kann sich völlig ohne Wissen und Willen der Versuchsperson vollziehen. Der Zusammenhang bleibt unbewußt und das assoziierte Wort repräsentiert dann ein Teilstück des latent bleibenden Zusammenhangs.

Aufgabe der Analyse ist es, diesen Zusammenhang aufzudecken.

Das gesamte Erinnerungsmaterial scheint in solchen von einem besonderen Gefühlston gefärbten Gedankenkomplexen gruppiert zu sein. Die „Komplexe" bilden gleichsam dem Ichkomplex (Bewußtsein) analoge psychische Einheiten und besitzen vermöge ihres Gefühlstones eine konstellierende Kraft, die in krankhaften Fällen so stark sein kann, daß die Psyche völlig unter ihrem Einfluß steht. Dann wirken sie wie Teilseelen von mehr oder minder großer Selbständigkeit (Autonomie). Den gefühlsbetonten Komplex nannte Jung daher die Causa morbi, die Ursache der neurotischen Erkrankung. Von einem oder mehreren „Komplexen" stammen die hysterischen oder zwangsneurotischen Erscheinungen ab. Sie sind — ob körperlich, ob psychisch — anzusehen als Abbilder des pathogenen Komplexes.

Der „freie Einfall" war also in Wirklichkeit unfrei, d. h. determiniert von psychischen Bedingungen, gleichsam eine Symptomhandlung (Freud), symptomatisch für einen subjektiven Tatbestand.

Die hauptsächlichsten „Komplexe", auf die man durch Analyse der Antworten stieß, bezogen sich auf Sexuelles, auf Geld, Ehrgeiz, Freundschaften, persönliche Empfindlichkeiten u. ä. Sie spielen — insoweit sie latent bleiben — die Rolle des „zweiten Bewußtseins". Hat der Komplex eine abnorme Selbständigkeit erreicht, so setzt er die konstellierende Kraft des Ichkomplexes entsprechend herab. Er neigt zu einer aktiven Sonderexistenz. Durch diese „zweite Persönlichkeit", deren Neigungen, Urteile, Entschlüsse in der Richtung des Komplexes gehen, wird der normale Ichrest aufgezehrt und in die Rolle eines sekundären (beherrschten) Komplexes gedrängt.

Die Assoziationsstudien gewähren ferner wichtige Einblicke in die familiären Übereinstimmungen der Reaktionstendenz und ihre psychologische Bedeutung. Die Untersuchungen von Emma Fürst[1]) lassen den Schluß zu, daß Verwandte eine Tendenz zur Übereinstimmung im Reaktionstypus besitzen, da die mittlere Differenz sowohl bei verwandten Männern wie bei Frauen erheblich niedriger liegt als bei Nichtverwandten. Was weibliche Verwandte angeht, so differieren sie zum Teil allerdings stark, zum Teil aber stimmen sie viel mehr überein als verwandte Männer. Mütter und ihre Kinder zeigen eine relativ große und gleichmäßige Übereinstimmung, während Väter und ihre Kinder im allgemeinen weniger übereinstimmen. Die Übereinstimmung der Väter und ihrer Söhne ist ebenso wie die der Mütter und ihrer Töchter gleichmäßig nahe. Die größte Übereinstimmung besteht zwischen Eltern und ihren gleichgeschlechtigen Kindern. Die Kinder differieren mehr unter sich als von den Eltern; sie differieren mehr vom Vater als von der Mutter; die Töchter nähern sich der Mutter etwas mehr als die Söhne dem Vater. Die ledigen Töchter stimmen mehr unter sich überein als die Söhne, wie überhaupt verwandte Frauen mehr unter sich übereinstimmen als verwandte Männer. Verheiratete Schwestern differieren dagegen wieder erheblich untereinander.

Wie bedeutsam diese Beobachtungen sind, wird erkennbar an pathologischen Fällen, wie ja die pathologische Vergrößerung und Vergröberung oft ein vorzügliches Mittel ist zur Verdeutlichung psychologischer Verhältnisse. Lang[2]) zeigte, welche weitreichende Folgerungen diese familiären Bindungen

[1]) l. c. X. Beitrag: Emma Fürst, Statistische Untersuchungen über Wortassoziationen und über familiäre Übereinstimmung im Reaktionstypus bei Ungebildeten, S. 110.

[2]) Josef B. Lang, Assoziationsstudien an Schizophrenen und den Mitgliedern ihrer Familien im Jahrbuch f. psychoanalytische Forschungen, Bd. V, 2. Hälfte, und Josef B. Lang, Eine Hypothese zur psychologischen Bedeutung der Verfolgungsidee in den Psychologischen Abhandlungen, redigiert von C. G. Jung, Deuticke 1914.

haben können. Er beobachtete, daß „kleine Kinder von zehn resp. von nur fünf Jahren mit dem geliebten Elternteil eine wahrhaft verblüffende Übereinstimmung im Reagieren haben"[1]).

Ein zehnjähriges Mädchen reagierte in 35% der Assoziationen mit dem gleichen Wort wie die Mutter. In Fällen solcher weitgehender Übereinstimmung besteht zwischen Eltern und Kindern eine intensive Gefühlsbindung, die in einem gewissen Alter im Interesse der weiteren Entwicklung des Kindes auf irgendeine Weise überwunden werden muß. In diesem Bestreben können sich aus anfänglich positiven Übertragungen extrem feindliche Einstellungen gegen die gleiche Person entwickeln, wenn der Loslösungsversuch nicht zu der benötigten Anpassung außerhalb der Familie führt, sondern steckenbleibt.

In ausgesprochen pathologischen (schizophrenen) Fällen zeigte sich, daß der Kranke den Reaktionstypus der Familie am reinsten darstellt und diejenigen Mitglieder der Familie zu Verfolgern wählt, d. h. sich von denen verfolgt glaubt, mit denen er die größte Übereinstimmung in der Assoziation hat. Das Geschlecht dagegen schien dabei keine Rolle zu spielen, und Lang nimmt an, daß die Verfolger nur Objektivationen des Familientypus sind, von welchem sich zu befreien notwendig wird. Lang nennt daher den Verfolgungswahn einen Heilungsversuch, der deswegen mißlinge, weil der Befreiungskampf statt auf der Subjektstufe (psychologisch) auf der Objektstufe (im Realen) geführt wird. Um diesen Fehler zu vermeiden, dazu gehört natürlich eine gewisse geistige Leistungsfähigkeit, deren Vorhandensein oder Fehlen sich auch aus dem Assoziationsformular abschätzen läßt.

---

[1]) Vgl. Psychologische Abhandlungen S. 39.

Diese hier kurz skizzierten Ergebnisse der experimentellen Assoziationsforschung bilden eine wesentliche Grundlage der sog. Züricher Richtung in der analytischen Psychotherapie. Es ist hervorzuheben, daß sie von vornherein streng psychologisch blieb. Ihre Voraussetzung war ein psychischer Faktor, kein biologischer, und zwar, wie man mit dem Ausdruck Bleulers sagen könnte, die Affektivität, d. h. jene Gefühlstönung, die allen psychischen Vorgängen eigentümlich ist und an „Komplexstellen" deutlich wird. Wir sagten schon, daß die „Komplexe" gewissermaßen als Ballungen der psychischen Energie zu betrachten sind, die sich durch das Reagens der Affektivität anzeigen. Fehlt die Gefühlstönung im normalen Reaktionsmodus fast ganz, wie es z. B. in Fällen von Spaltungsirresein (Schizophrenie) in hervorragendem Maße der Fall ist, so sind dafür entsprechende Energiemengen dem Bewußtsein nicht zugänglich, nicht kontrollierbar. Das Assoziationsexperiment verschafft einen Überblick über die Verteilung der Energie und macht auch ihre zartesten Schwankungen deutlich.

Beschreiben wir die psychologische Qualität des Bewußtseins als eine Beziehung, die zwischen dem Ich und seinem (bewußten) Objekt besteht, so ist zu sagen, daß eine solche Beziehung dem Ich mehr oder minder unmöglich gemacht wird, sobald ein „Komplex" als Objekt in Frage käme. Denn dieser verhindert infolge seiner Gefühlsgeladenheit das Zustandekommen einer Beziehung von seiten des Ichs, er tritt vielmehr seinerseits mit Ichanspruch auf und schlingt das Ich gleichsam auf, es gerät mehr oder minder in einen Zustand der Identifikation mit dem Komplex (vgl. Identität unten S. 74f. u. 118f.). Entsprechend gering ist dann die Energiemenge, die ihm überhaupt verbleibt zur Herstellung bewußter Beziehungen. Da das Bewußtsein die Qualität des Wachseins hat, kann man auch sagen, daß das Ich in dem Maße, wie es von Komplexen beherrscht wird, sich im Schlaf- oder Hypnosezustand befindet. Von der Tages- (Bewußtseins-) Welt ist es abgelenkt, und diesem Ablenkungszustand entsprechen auch die Assoziationsweisen. Wie im Experiment mit künstlich herbeigeführter Ablenkung oder Ermüdung die Empfindlichkeit für Unterschiede sinkt, so sind auch im Leben die Ablenkungswirkungen affektbetonter Komplexe an entsprechenden Erscheinungen kenntlich. Es treten Assoziationen vom Charakter oberflächlich sprachlicher Verbindungen auf, bei weiterer Zunahme der Ablenkung kündigen sich die Komplexe immer direkter an, oft durch Wortballungen oder -neubildungen, die als Verdichtungen oder Interferenzerscheinung mehrerer Komplexe zustande kommen. Derartiges findet sich besonders bei Schizophrenie (Dementia praecox) sowie normalerweise im Traum, den man mit einem gewissen Recht als „Komplexdelir" bezeichnet hat[1]).

Obwohl diese Auffassung nur eine Möglichkeit des Traumes kennzeichnet, ist sie dennoch für eine Einführung in das Verständnis der Träume, die in der Psychologie eine so große Rolle spielen, die beste, weil sie theoretisch nichts präjudiziert. Wer die Traumbedeutung aus der Komplexbedeutung entwickelt, bewegt sich jedenfalls auf psychologischem Boden, der nicht in Gefahr ist, zum Dogma zu erstarren.

5. Freuds Sexualtheorie

In den gefühlsbetonten Komplexen (Jung) haben wir in Umrissen dasjenige Gebiet der Psyche vor uns, das sich unmittelbar in das sog. Unbewußte fortsetzt. Niemals ist der gefühlsbetonte Komplex in

---

[1]) Passenderweise könnte man auch von einem Imagodelir sprechen (vgl. unten S. 72). Vgl. auch Neißer, der schon 1898 von solchen Wortneubildungen, die in Träumen auftreten, gesagt hat, daß sie nicht eigentlich Wörter darstellen, sondern einen ganzen Vorgang versinnbildlichen (zit. bei Jung, Zur Psychologie der Dementia praecox, S. 26).

allen seinen Verzweigungen und seiner Bedeutung wirklich bewußt, ja seine Wirksamkeit beruht gerade auf der Tatsache, daß er zum größeren Teil dem „Unbewußten" angehört.

Komplexe wirken, wie wir gesehen haben, ablenkend. Ort und Grad ihrer Beeinflussung der Affektivität bezeichnen gleichzeitig Ort und Grad der äußeren Unangepaßtheit des Individuums. Denn Affekte finden sich stets an Stellen unvollendeter oder mangelhafter Anpassung (Bleuler). Die feinen Schwankungen in der Reaktionszeit, die den erregten Gefühlston anzeigen, sind die ersten dem Experiment zugänglichen Anzeichen einer Anpassungsstörung. Die gefühlsbetonten Komplexe sind also immer die zunächstliegenden psychologischen Probleme des Individuums und die natürlichen Zugänge zum Unbewußten. Ihren Inhalt und ihre Bedeutung herauszuarbeiten, ist die erste Aufgabe der Psychotherapie. Es ist der erste Schritt zur Erreichung ihrer Absicht, das Unbewußte bewußt zu machen, das Bewußtsein auf dem individuell vorgezeichneten Wege zu „erweitern".

Unter den gefühlsbetonten Zusammenhängen weist nun die Psychologie Freuds einem eine besondere Stellung zu, die über das rein Psychologische hinausführt: dem Sexualkomplex. Auf ihn gründet Freud die seelische Dynamik. Er sieht in der Sexualität einen Grenzbegriff zwischen Seelischem und Körperlichem, insofern aus den Körperorganen Reize hervorgehen, deren Bewältigung der Seele obliegt infolge ihres „Zusammenhanges" mit dem Körper.

Es ist klar, daß, zumal in unserer Kultur und im Hinblick auf ein bestimmtes Lebensalter, der Sexualkomplex für eine überwiegende Mehrzahl gefühlserregender Zusammenhänge verantwortlich sein kann. Der sexuelle Trieb ist die Ursache mächtiger Affektstürme, stärkster Sehnsüchte und tiefster Verzweiflungen, heimlicher Sorgen und peinlichster Eindrücke.

Freuds Psychologie geht den Wirkungen dieses Triebes in all seinen Verzweigungen in der menschlichen Seele nach. Freud nennt seine Lehre selbst einen „Überbau", der irgend einmal auf sein organisches Fundament — nämlich das einer zukünftigen Sexualchemie — oder an anderer Stelle „psychologische Vorläufigkeiten", die alle einmal „auf den Boden organischer Träger gestellt werden sollen"[1]).

Freud führte seine Auffassung in einer detaillierten Sexualtrieblehre aus. Die „Quelle" der seelischen Dynamik liegt im Körper, kann aber freilich als solche nicht mehr Gegenstand der Psychologie sein. Im Seelenleben wird uns der Trieb nur durch seine „Ziele" bekannt. Das „Triebziel" ist immer die „Befriedigung" des Triebes. Sie wird an einem „Objekt" vollzogen. Dieses ist nicht notwendig ein fremder Gegenstand, sondern kann auch ein Teil des eigenen Körpers sein. Das Objekt gilt als das variabelste am Triebe, es kann leicht gewechselt werden. Ist die Bindung des Triebes ans Objekt inniger, so wird von „Fixierung" gesprochen.

Dies allgemeine Raisonnement über das Wesen der Triebe zielt natürlich auf den Sexualtrieb, der aber bei Freud als eine Vielheit von Teil- oder „Partial"trieben aufgefaßt wird. „Objekt" meint daher stets „Sexualobjekt". Anderseits unterscheidet Freud den Sexualtrieb vom Ich- oder Selbsterhaltungstrieb. Beide nennt er „Ur-Triebe". Da der Selbsterhaltungstrieb aber mit unbestimmt vielen „libidinösen" (— sexuellen) Komponenten ausgestattet sein kann, bleibt der Sexualtrieb doch eigentliches und einziges Movens seiner Psychologie, zumal im Anfang eine dem „Ich vergleichbare Einheit" beim Individuum nicht bestehen soll (vgl. unten S. 54). Wie der Sexualtrieb vom Körper, so werden die „Partialtriebe" von sog. „erogenen Zonen" „erzeugt", die

[1]) Vgl. Ges. Schr. VII S. 403, und VI S. 161 (Zur Einführung des Narzismus).

Freud am menschlichen Körper unterscheidet. Bei normaler Triebentwicklung des Individuums vereinigen sich die „Partialtriebe" zu dem auf das Fortpflanzungsziel gerichteten Sexualtrieb, und zwar dadurch, daß „organische Veränderungen und psychische Hemmungen" einsetzen. Unter die letzteren rechnet Freud die Scham, den Ekel, das Mitleid und die „sozialen Konstruktionen der Moral und Autorität". Funktionieren diese Hemmungsfaktoren nicht, so treten sexuelle Perversionen auf, die als Entwicklungshemmungen infantilen Charakters zu bezeichnen sind. Unter diesem Gesichtswinkel erscheinen Freud die Neurosen gewissermaßen als Negativ der Perversionen, da in ihnen die Perversionsneigung sozusagen negativ auftritt. Solche Sexualneigungen beruhen einerseits auf einer Fixierung an die infantile Stufe, anderseits auf einer Regression zu dieser infolge einer Verlegung anderer Bahnen der sexuellen Betätigung.

Die sexuelle Entwicklung nimmt beim Kinde ihren Anfang. Schon bei der Nahrungsaufnahme genießt es nach Freud sexuelle Befriedigung, die es sich dann am eigenen Körper durch das „Ludeln" oder „Wonnesaugen" zu verschaffen sucht. Seine (eigenen! ?) Brustwarzen und Genitalien sind für die Ludelbeschäftigung bevorzugte Stellen. Diese früheste Phase wird als die der Oralerotik bezeichnet, eine zweite ist charakterisiert durch die Vorherrschaft des Sadismus und der Analerotik, erst in der dritten tritt das Primat der Genitalien auf. Vom fünften bis etwa zum elften Lebensjahr nimmt Freud eine Latenzperiode in der Sexualentwicklung an, in der zwar die Produktion an sexueller Energie nicht aussetzt, aber zu andern als sexuellen Zwecken verwendet wird, worin die Bedingung für die Eignung des Menschen sowohl für die höhere Kultur als auch für die Neurose erblickt wird. (Bemerkenswert an dieser Auffassung dürfte die theoretische Verknüpfung zwischen Sexualität und Kulturentwicklung sein, die zum Schluß in umgekehrter Reihenfolge aus der Psychoanalyse Freuds wieder herausspringt.)

Solange der eigene Körper „Sexualobjekt" ist, spricht man von Autoerotismus. Als außerhalb des eigenen Körpers liegendes Sexualobjekt der ersten Phase nennt Freud die Brust der Mutter. Er sagt wörtlich: „Er (der Sexualtrieb) verlor es nur später, vielleicht gerade zur Zeit, als es dem Kinde möglich wurde, die Gesamtvorstellung der Person, welcher das ihm Befriedigung spendende Organ angehörte, zu bilden"[1]) — ein in seinen Konsequenzen wohl höchst bedeutsamer Satz von psychologischem Gehalt, der aber die Freudsche Sexuallehre ihrerseits keineswegs zur „Gesamtvorstellung" der Person geführt hat.

Im übrigen bietet der Verkehr des Kindes mit seinen Pflegepersonen nach Freud für das Kind eine „unaufhörlich fließende Quelle sexueller Erregung", er ist ihm „eine Befriedigung von erogenen Zonen aus"[2]), zumal die Pflegepersonen, in der Regel also die Mutter, das Kind „mit Gefühlen bedenkt, die aus ihrem Sexualleben stammen". In welchem Sinne dies gemeint ist, geht daraus hervor, daß Freud vermutet, die Mutter würde wahrscheinlich erschrecken, wenn man ihr diese „Aufklärung" gäbe. Dann würde sie aber doch wohl einem Mißverständnis unterliegen, das davon herrührt, daß die tatsächlich vorhandenen psychologischen Verhältnisse mit einem Begriff interpretiert werden, der die typisch männliche Färbung der Einstellung zum Sexuellen hat. Wo ist die Frau, die sich so zu ihrer „Sexualität" (in diesem Sinne) verhält — es sei denn, sie stehe unter dem Einfluß der

---

[1]) Vgl. Ges. Schr. Bd. V S. 97. Hervorhebungen vom Verf.; vgl. auch unten S. 60f. Anm.

[2]) Ges. Schr. Bd. V S. 98.

— neurotischen Einstellung eines Mannes! Bei Freud findet sich durchgängig die Gleichsetzung des — im weitesten Sinne — Sexuellen mit dem, was Abscheu, Ekel, Scham u. dgl. verursacht, was ohne Zweifel der Ausdruck einer speziellen Einstellung ist, die ihrerseits ein psychologisches Problem enthält. Angesichts der Größe und Schwierigkeit des Seelenproblems — das die Psychoanalyse nicht berührt und auch nicht berühren will, soviel „Psychologisches" sie auch verhandelt — muß man wohl zu der Auffassung kommen, daß von Seele selbst überhaupt noch nichts erkannt werden kann, solange ein so wichtiger Faktor noch unter Verdrängung, d. h. zwischen Furcht und Wunsch gehalten wird.

Freud spricht von einer „polymorph - perversen" Anlage des Kindes. Denn bevor sich im kindlichen Sexualleben die „normalen Hemmungen" durchsetzen, sei es durch fünf Charakteristika von dem der Erwachsenen unterschieden:

1. durch das Hinwegsetzen über die Artschranke (Kluft zwischen Mensch und Tier); 2. durch Überschreitung der Ekelschranke (Koprophilie, Interesse für die eignen Exkremente, mit denen das Kind spielt oder sich sexuelle Lust verschafft durch Zurückhaltung der Stuhlmassen, die dann beim Durchgang durch den After einen Reiz ausüben. An analerotische Betätigungen knüpfen sich auch die kindlichen Hypothesen über die Frage, wo denn die Kinder herkommen, die auf die Formel: „durch Essen empfangen, durch den Darm geboren" gebracht wird. In Zusammenhang damit steht die Hochschätzung des Kotes, den der Säugling als „Geschenk" behandelt, das er nur bevorzugten Personen angedeihen läßt; 3. durch Überschreitung der Inzestschranke, die später die geliebten Personen der Kindheit ausdrücklich als Blutsverwandte von der sexuellen Objektwahl ausschließt. Freud rechnet die Inzestschranke einerseits in dubio zu den historischen Erwerbungen der Menschheit, die bereits bei vielen Individuen durch organische Vererbung fixiert sei, anderseits ist sie auch wieder das entscheidende Agens bei dem sog. Ödipuskomplex, der geradezu der Zentralkom-

plex der Freudschen Lehre ist[1]); 4. durch die Bisexualität; 5. durch die Übertragung der Genitalrolle auf andere Organe und Körperteile.

Jung spricht demgegenüber nur von einer polyvalenten Anlage des Kindes. Die frühkindliche „Sexualität" bildet freilich den Keim zur Sexualität des Erwachsenen, enthält aber auch den Keim geistiger Funktionen, denn das kindliche Sexualinteresse verlangt viel mehr nach einer Entwicklung des Denkens als nach einem „Sexualziel". Die „Sexualität" des Kindes wird daher durch das Denken nicht nur in ihrer lustvollen Betätigung gehindert, sondern verlangt geradezu danach, nämlich nach einer Auffassungsbildung, die sich oft über die „richtige" Erklärung (d. h. die des Erwachsenen) wieder hinwegsetzt, im Interesse der eigenen Welt, die es aufzubauen gilt. Die Erklärung des Erwachsenen wird beiseite geschoben, wenn sie den Ansprüchen jener Welt nicht genügt, aus deren Zusammenhang das kindliche „Sexualinteresse" stammt. Es ist daher ebenso verkehrt, auf der Annahme der „richtigen" Erklärung zu bestehen — etwa um zu „analysieren" —, wie es verkehrt ist, dem Kinde Lügen aufzubinden. Auch im erwachsenen Alter bleiben die Reste „infantiler Sexualität" die Keimstätte wichtiger geistiger Funktionen[2]).

Freud nimmt weiter an, daß die autoerotischen und masturbatorischen Sexualäußerungen des Kindesalters sowohl bei Knaben wie bei Mädchen „durchaus männlichen Charakter" haben; damit scheint in gewissem Widerspruch zu stehen, daß sich beim Mädchen, „wo sich Partialtriebe der Sexualität bemerkbar machen", die passive Form bevorzugt wird. Jedenfalls soll auch beim weiblichen Kind „die leitende erogene

[1]) „... das Schiboleth, ... welches die Anhänger der Psychoanalyse von ihren Gegnern scheidet", Ges. Schr. Bd. V S. 102 Anm. Zu der Vererbungsauffassung, vgl. l. c. S. 101 Anm.

[2]) Vgl. Jung, Über Konflikte der kindlichen Seele, Vorwort und Nachtrag zur 2. Auflage. F. Deuticke, Leipzig und Wien 1916.

Zone" an der Klitoris liegen. Das Weibwerden des kleinen Mädchens sei daher an die „Schicksale der Klitoriserregbarkeit" gebunden, und die Pubertät bedeute für das Mädchen eine „neuerliche Verdrängungswelle, von der gerade die Klitorissexualität betroffen wird. Es ist ein Stück männlichen Sexuallebens, was dabei der Verdrängung verfällt". Die erogene Reizbarkeit muß von der Klitoris auf den Scheideneingang übertragen werden, und in diesem Wechsel der leitenden erogenen Zonen und dem Verdrängungsschub der Pubertät, in dem gleichsam die infantile Männlichkeit beiseite geschafft wird, sieht Freud die Hauptbedingungen für die Bevorzugung des Weibes zur Neurose (!)[1].

Im übrigen sind die maßgebenden Veränderungen, die durch die Pubertät gesetzt werden, die „Unterordnung aller sonstigen Ursprünge der Sexualerregung unter das Primat der Genitalzonen und der Prozeß der Objektfindung". Die Objektwahl ist charakterisiert durch die in der Pubertät aufgefrischten Andeutungen sexueller Neigungen des Kindes zu seinen Eltern und Pflegepersonen — on revient toujours à ses premiers amours —, wendet sich aber infolge der mittlerweile aufgerichteten Inzestschranke von diesen Personen ab und ähnlichen zu: Anlehnungstypus der „Objektwahl".

Zur Bezeichnung des Grades und der Verteilung der Sexualerregung, die, wie Freud glaubte, in den psychischen Vorgängen „bewältigt" werde, dient ihm der Begriff Libido. Er versteht darunter eine quantitativ veränderliche Kraft zur Messung bzw. Abschätzung der Sexualerregung in ihrer psychischen Ausdrucksform. Diese Kraft ist nicht identisch mit psychischer Energie überhaupt, sondern infolge ihres „besonderen Ursprungs" qualitativ von

[1]) Vgl. Ges. Schr. Bd. V S. 94f.

ihr verschieden. Der besondere Ursprung liegt in der Annahme eines für die Sexualvorgänge gesonderten, von den Ernährungsvorgängen verschiedenen Chemismus; durch ihn kommt die Sexualerregung zustande, die aber nicht allein von den „sogenannten Geschlechtsteilen", sondern von allen Körperorganen geliefert wird[1]). Diese auffallende Ansicht nennt Freud eine Einsicht, die die Analyse der Perversionen und Psychoneurosen gebracht habe. Aus dieser über und durch den ganzen Körper verteilten Produktion geht das psychische Phänomen der „Libido" hervor, und zwar die Ichlibido, deren Vergrößerung, Verminderung, Verteilung, Verschiebung die Erklärung der psychosexuellen Phänomene ermöglichen soll. Aber erst wenn sie als Objektlibido Verwendung findet, ist sie dem analytischen Studium bequem zugänglich: wenn sie Sexualobjekte erfaßt, sich dort fixiert, sie verläßt, auf andere übergeht und so die Sexualbetätigung des Individuums lenkt, die zum partiellen oder zeitweisen Erlöschen der Libido in der Befriedigung führt.

Freuds Annahme ist gleichwohl, daß von Anfang an im Individuum eine dem Ich vergleichbare Einheit nicht besteht. Zunächst sei nur der autoerotische Trieb da. Später wird die psychische Einheit des Ich entwickelt, die narzistischen Charakter annehmen kann, wenn die „Ichtriebe" nicht reine Selbsterhaltungsfunktion sind, sondern libidinöse Färbung bekommen. Das sexuelle Verhalten des Narzißmus wendet sich lustvoll an den eigenen Körper, das psychische ist gleichfalls durch eine Ichgebundenheit charakterisiert, die zu keinem Objekt gelangen kann, sondern sich sozusagen selbst im Lichte steht. Der Ausdruck Narzißmus stammt von Havelock Ellis, der ihn zur Beschreibung jenes Verhaltens wählte, das den eigenen Leib sexuell gebraucht.

[1]) Vgl. Ges. Schr. Bd. V S. 92.

Es besteht also ein Gegensatz zwischen Ichlibido und Objektlibido. Je mehr die eine verbraucht, desto mehr verarmt die andere. Als höchste Phase, zu der es die Objektlibido bringen könne, erscheint Freud der Zustand der Verliebtheit, der gleichsam ein Aufgeben der eigenen Persönlichkeit bewirkt. Dies liegt unverkennbar in der Linie jener, seit alters bekannten Gedanken vom „Sich-selbst-aufgeben, um sich zu gewinnen". „Give away all that thou has then thou shalt receive." Die Konsequenzen dieser Einsicht entziehen sich gleichwohl dem Bereich der Psychoanalyse — „unsere grobe Analyse", wie sie Freud selbst nennt.

Eine theoretische Schwierigkeit erwuchs der Libidotheorie Freuds aus dem Schizophrenieproblem. Schizophrenie (Spaltungsirresein) ist ein Krankheitszustand, der sich nicht mehr unter den Neurosenbegriff bringen läßt. Er steht in einem gewissen Gegensatz zu den sog. Übertragungsneurosen (Hysterie und Zwangsneurosen — letztere rechnet Freud noch dazu), bei denen ein „äußeres Objekt", wenn auch in subjektiver unsachlicher Weise, erstrebt wird. Zu ihnen im Gegensatz stehen die Introversionsneurosen (Jung), bei denen die psychische Energie introvertiert, aufs „innere Objekt" gerichtet ist. Die Schizophrenie läßt sich psychologisch als ein solcher Introversionszustand beschreiben. Ihr „Realitätsverlust" überschreitet aber bei weitem ein durch Introvertierung erotischer Beziehungen erklärbares Maß. Freud half sich mit der Annahme, daß die der Außenwelt entzogene Libido bei der Schizophrenie nicht auf imaginäre (d. h. Phantasie-) Objekte gelenkt werde, wie bei den Übertragungsneurosen, sondern sich direkt auf das Ich wende, so daß ein Zustand resultiert wie beim Narzißmus[1]). Da angenommen wurde, daß bereits eine primär narzistisch verwandte Libido

[1]) Diesen beschreibt man wohl besser als eine Mittellage der Energieverteilung: die Energie ist weder für das innere noch das äußere Objekt disponibel.

vorhanden ist, so sollte das noch sekundär hinzukommende Quantum Libido den bei Schizophrenie oft (aber nicht immer!) sich findenden Größenwahn verursachen.

Es trifft aber gar nicht zu, daß die Schizophrenie keine Phantasiebildungen produziere oder nur Größenwahnbildungen. Mit gleichem oder besserem Recht kann man sie geradezu als Typus eines von inneren Bildern erfüllten Zustandes ansprechen. Jung hat ausgeführt, wie diese oft an ältestes Menschheitsgut rühren und daraus seinen Begriff des „kollektiven Unbewußten" gewonnen.

Nicht immer führt der „sekundäre Narzißmus" Freuds zu so deletären Folgen. Er kann sich auch in normalen Grenzen halten und bildet dann die Grundlage für den narzistischen Typus der Objektwahl, den Freud dem Anlehnungstypus gegenüberstellt. Unter Objektwahl ist immer Sexualobjektwahl verstanden. Die Wege derselben ordnet Freud in folgendes Schema: „Man liebt:

I. Nach dem narzistischen Typus:
   a) was man selbst ist (sich selbst),
   b) was man selbst war,
   c) was man selbst sein möchte,
   d) die Person, die ein Teil des eigenen Selbst war.

II. Nach dem Anlehnungstypus:
   a) die nährende Frau,
   b) den schützenden Mann[1])."

Die „volle Objektliebe nach dem Anlehnungstypus" ist für den Mann charakteristisch, die narzistische für die Frau. „Solche Frauen lieben, streng genommen, nur sich selbst mit ähnlicher Intensität, wie der Mann sie liebt." Aber auch ihnen öffnet sich ein Weg aus dem Narzißmus zur Objektliebe, wenn ihnen im eigenen Kinde gleichsam ein Teil ihres eigenen Kör-

[1]) Ges. Schr. Bd. VI S. 173f.

pers wie ein fremdes Objekt gegenübertritt. In diesem Lichte erscheint Freud die Elternliebe überhaupt „als nichts anderes“ als der wiedergeborene Narzißmus der Eltern[1]).

Der Anlehnungstypus soll ferner Geltung haben für Personen, deren Libidoentwicklung eine Störung erfahren hat, wie bei Perversen und Homosexuellen. Sie wählen nicht nach dem Vorbild der Mutter, sondern nach der eigenen Person. Solche Störungen der Libidoentwicklung können nun entweder dadurch eintreten, daß „Partialstrebungen“ die einzelnen Stufen des Weges nicht normal überwinden, oder dadurch, daß der normale Libidofluß durch unüberwindliche, d. h. dem Subjekt unüberwindlich dünkende Hindernisse verlegt ist. Im ersten Falle spricht man von Fixierung, im zweiten von Regression. Durch die Regression werden frühere Entwicklungsstationen wieder belebt. Wenn Fixierungsmöglichkeiten besonders naheliegen, so ist von außen ein um so geringerer Anlaß nötig, um die regressive Bewegung einzuleiten und die Fixierung herzustellen. Die für die Hysterie charakteristische Art der Regression belebt die primären inzestuösen Sexualobjekte, die der Zwangsneurose dagegen die Vorstufe der sadistisch-analen Organisation. Freud behauptet, die Zwangsidee: „Ich möchte dich ermorden“ heißt im Grunde: „Ich möchte dich in Liebe genießen“. Der psychologische Sinn ergibt sich aber ohne Zweifel reiner, wenn man sich der Assoziationsuntersuchungen Langs erinnert, der nach dem Vorgang von Jung die Zwangsidee als auf der Objektstufe erlebte Notwendigkeit der Loslösung vom Familientypus interpretiert. Dann braucht man auch nicht die Freudsche Hypothese einer „gleichzeitigen Objektregression“ zur Erklärung der Tatsache, daß solche Zwangsimpulse meist nur den nächsten Angehörigen gelten.

[1]) l. c. S. 175.

Der Begriff der Regression steht in naher Beziehung zu dem der Verdrängung. Die Unterschiede sind konstruiert. Verdrängung ist bei Freud ein dynamischer Begriff, bei dem es auf die rückläufige Bewegung nicht ankommt. Im dynamischen Sinne als verdrängt gilt auch ein psychischer Akt, der auf niedriger Stufe des Unbewußten festgehalten ist. Anderseits führt — nach Freud — Libidoregression niemals zu Neurose, sondern nur zu Perversion, wenn nicht das Moment der Verdrängung dazutritt. Regression ist also von der Seite des Triebes gesehen, Verdrängung erfolgt vom Ich her.

Das äußere Moment, das in der Richtung der Fixierung bzw. der Regression wirkt, ist die „Versagung" — nämlich der normgemäßen Befriedigung. Auch sie ist kein unbedingt krankmachendes Moment, kann es aber werden, da der Mensch nur ein gewisses Maß unbefriedigter „Libido" erträgt. Der neurotische Konflikt wird durch die Versagung dann heraufbeschworen, wenn das Individuum vor die Frage gestellt ist, neue Wege und Objekte der Befriedigung zu suchen. Wehrt sich ein Teil der Persönlichkeit gegen die neue Befriedigungsmöglichkeit, so können die dadurch nötigen Umwege in die Symptombildung hineinführen. Eine Art „innerer Versagung" macht also erst die äußere pathogen. Dieser innere Einspruch erfolgt von den nichtsexuellen Triebkräften, den „Ichtrieben". Dadurch wird der Konflikt akut zwischen Ich- und Sexualtrieben, worin nach Freud das Wesen der Neurose besteht.

Beide Entwicklungen, die des Ichs wie die der Libido sind anzusehen als abgekürzte Wiederholung des von Urzeiten an zurückgelegten Weges. Die Not des Daseins war von je der machtvolle Faktor, der diesen Weg bestimmte und durch „Versagung" die Umwege der Libido erzwang. Die Ich-Triebe lernen es leichter, sich dieser Not zu fügen und das Realitätsprinzip anzunehmen. Viel schwerer erziehbar sind die Sexualtriebe, die auf lange hinaus ausschließlich dem Lustprinzip folgen, ohne vom Realitätsprinzip korrigiert zu sein. Für das Ich ist der Übergang vom Lust- zum Realitätsprinzip „einer der mächtigsten Entwicklungsfaktoren".

Unter Zugrundelegung dieser Begriffe stellt sich also die Entstehung einer Neurose folgendermaßen dar: Zum „eisernen Bestand" gehören Kindheitserlebnisse, die, auf dem Boden einer ererbten Sexualkonstitution, eine bestimmte Fixierung der Libido ergeben, d. h. eine bestimmte Disposition, für welche bestimmte Erlebnisse traumatische Wirkung haben. Solche Infantilerlebnisse können nachträglich durch regressive Belebung eine Verstärkung ihrer krankmachenden Wirkung erhalten. Die Bildung von Symptomen kommt zustande dadurch, daß sich die Regression so weit nach rückwärts fortsetzt — „und müßte sie auch bis in die Säuglingszeit zurückgehen" —, bis ein infantiler Befriedigungsmodus wiederbelebt wird. Dieser ist es, der als Symptom in Erscheinung tritt, allerdings „entstellt" bis zur Unkenntlichkeit durch den Einfluß der „Zensur des verdrängenden" Ich. Unter dieser verwandelt sich die Lust in Leid. Mit der Ausbildung des Symptoms erfolgt gleichzeitig eine Abwendung von der Außenwelt, von der Realität. An Stelle einer die Außenwelt verändernden Handlung tritt eine krankhafte Form der Anpassung.

6. Weiterentwicklung der Freudschen Trieblehre

In der Folge nahmen Freuds Spekulationen über die Triebe und deren Rolle noch folgende Formen an. Nach der Einführung „narzistischer", d. h. libidinöser „Selbsterhaltungstriebe" hatte sich der ursprüngliche Gegensatz zwischen Sexual- (d. h. „Objekt"-) Trieben und Ichtrieben verwandelt in den zwischen libidinösen Ich- und (libidinösen) Objekttrieben, aus dem der neurotische Konflikt entsprang. An Stelle der letzteren trat dann ein neuer Gegensatz zwischen Ich- plus Objekttrieben — beide libidinöser Natur — und andern im Ich lokalisierten Trieben, die er „Destruktionstriebe" oder „Todestriebe" nannte. Damit schien sich der Gegensatz oder die geheimnisvolle Verflochtenheit von Liebe und Tod auch in der psychoanalytischen Theorie anzudeuten, ist hier aber eigentlich nur Metapher für assimilatorische und dissimilatorische Vorgänge im Körper, und es kam darauf an, einen „dissimilatorischen" Todestrieb auch aufzuzeigen. Freud fand wenigstens einen „verschobenen", und zwar in der — sadistischen Komponente des Sexualtriebes. Nach der Erweiterung des Sexualbegriffes und der Einführung des Narzißmus schien dies der dritte Schritt in der Trieblehre. Freud sagt von ihm, daß er nicht dieselbe Sicherheit beanspruchen könne wie die beiden ersten, aber dennoch auf beobachteten Tatsachen beruhe. Unter diese rechnet er den im Seelenleben vorkommenden „Wiederholungszwang", der sich auch im Leben Nichtneurotischer beobachten lasse und sich über das sonst allmächtige Lustprinzip hinaussetze. Doch kann auf diese Verhältnisse nicht näher eingegangen werden. Sie sind konstruiert. Freud lag offenbar sehr daran, gerade Jungs Libidokonzeption gegenüber den universalen Dualismus seiner eigenen Theorie zu erweisen. Er gesteht sich: „... wir kommen in den Verdacht, um jeden Preis eine Auskunft aus einer großen Verlegenheit gesucht zu haben[1])." Eine Änderung der theoretischen Basis war wohl nötig von dem Augenblick an, wo nicht mehr Hysterie und sonstige Verdrängungsneurosen zur Diskussion standen, sondern eine allgemeine Theorie der Psyche beabsichtigt war. Eine „libidinöse" Libido bleibt ein reduzierendes Prinzip, Reduzieren und Analysieren ist aber zweierlei. Ein n i c h t spezialisierter Energiebegriff scheint die „Conditio sine qua non" einer vorurteilsfreien Zuordnung psychischer Akte zu ihrem intendierten Gegenstand. Er vermeidet die Fehler jener „nichts-als"-Psychologie, die zu unfruchtbarer Dogmatik erstarren muß.

Die psychische Auswirkung des Sexualkomplexes in der frühkindlichen Sexualperiode sieht Freud in dem sog. Ö d i p u s k o m p l e x. Noch 1924 nennt er

---

[1]) Ges. Schr. Bd. VI S. 246.

ihn das zentrale Phänomen jener Periode und an anderer Stelle[1]) den Gipfel der infantilen Sexualität, der durch Nachwirkungen die Sexualität des Erwachsenen entscheidend beeinflußt. Jedem menschlichen Neuankömmling sei die Aufgabe gestellt, den Ödipuskomplex zu bewältigen, und wer es nicht zustande bringt, sei der Neurose verfallen[2]). Er will ihn daher „im Unbewußten jedes Erwachsenen nachweisen" und ihn „auch jenen Träumern zuschreiben, die im späteren Leben den Konflikten mit den Eltern entgehen."

Freilich ist der Ödipuskomplex zunächst ein Komplex des Knaben. Für das Mädchen ist Freuds Material — „unverständlicherweise", wie er sagt — „weit dunkler und lückenhafter". Inzwischen ist die Sexualentwicklung des Knaben in die Ödipussituation hinein — deren Formel bekanntlich lautet: „Den Vater töten und die Mutter frein" — die folgende: Das erste Objekt der „oralen Partialtriebe" war die Brust der Mutter. Dann wurde der eigene Körper „autoerotisch besetzt". Dann beginnt die „phallische Phase", die gleichzeitig die des Ödipuskomplexes ist. Sie entwickelt sich aber nicht weiter zur endgültigen Genitalorganisation, sondern versinkt und wird von der Latenzzeit abgelöst.

In der „phallischen Phase", die sich durch ausgiebige manuelle Beschäftigung mit dem Glied verrät, wendet der Knabe seine Zärtlichkeit der Mutter in so ausgesprochener Weise zu, daß der Sinn nur der sein könne, der sich oft noch im späteren Leben in Träumen manifestiert, nämlich: sexueller Umgang mit der Mutter. Dem entspricht die gleichzeitige Haßeinstellung zum Vater, in dem nur der Störenfried der Beziehung gesehen wird. Die durch

[1]) Drei Abhandlungen zur Sexualtheorie, Ges. Schr. Bd. V S. 101f. Anm. 2.

[2]) Die merkwürdig einseitige, ja banale Auffassung der Ödipussage, die Freud den Namen für das, was er meint, geliefert hat, dokumentiert sich u. a. in der Behauptung, daß das Rätsel der Sphinx im „Ödipus" in einer „leicht rückgängig zu machenden Entstellung" (!) das Rätsel der Kinder meine, wo die Kinder herkämen . . . ? — Zur Frage des „Oedipus-Komplexes" vgl. W. M. Kranefeldt: „Gemordete Mutter und entsühnter Orest", 1939 erschienen.

die Ödipuseinstellung aktivierte Sexualerregung wird durch Masturbation abgeführt, die dieser Herkunft ihren Charakter für alle späteren Zeiten verdankt.

Aber der Ödipuskomplex bietet nicht nur eine aktive, sondern auch eine passive Befriedigungsmöglichkeit. Der Knabe kann sich nicht nur in männlicher Weise an Stelle des Vaters setzen, sondern sich auch in weiblicher Weise von ihm lieben lassen.

Die „Ödipussituation" wird deshalb als so wichtig angesehen, weil aus ihr die weitreichendsten psychologischen Zusammenhänge gefolgert werden. Wenn nämlich das Kind sein Interesse dem Genitale zugewendet hat, setzt es sich der „Kastrationsdrohung" der Mutter oder anderer Pflegepersonen aus. So entwickelt es den Kastrationskomplex. Dem Kinde wird von autoritativer Seite, oft unter Herbeiziehung des Vaters und sogar des Doktors, mit Abschneiden des Gliedes gedroht! Zunächst freilich schenkt der Knabe der Drohung weder Glauben noch Gehorsam. Doch haben ihn zwei Erfahrungen immerhin gewitzigt: die bereits erfolgte endgültige Entziehung der Mutterbrust und die täglich erforderliche — wie Freud sagt — „Abtrennung" des Darminhaltes. Diese — wie man annehmen muß, vom „Unbewußten" unter Abschneideerlebnisse subsumierten — Vorgänge (ob wohl auch Flaschenkinder den Darminhalt „abtrennen"?) genügen aber nicht, die Gefahr der Kastration wirklich dringlich zu machen. Da fällt in die so vorbereitete Situation der schreckliche Anblick der Genitalregion eines kleinen Mädchens, bei dem offensichtlich das Angedrohte Wirklichkeit geworden ist. Das macht den Kastrationskomplex akut[1]).

Die ambivalente[2]) Haltung des kleinen „Penis-

[1]) Ein amüsantes Beispiel aus der antiken Literatur für die nachhaltige Wirkung des „Traumas" der „Kastrationsdrohung" bringt Hans Licht, Kulturkuriosa, S. 189. Paul Aretz Verlag, Dresden.

[2]) Ambivalenz, Ambitendenz sind Ausdrücke, die Bleuler geprägt hat. Ambi = beide; nach beiden Seiten tendierend.

trägers" (Freud) in der Ödipussituation ist zugleich die Grundlage, auf der die Entwicklung ihren Fortgang nimmt, wenn der Ödipuskomplex am Kastrationskomplex zugrunde gegangen" ist. Die Kastrationsangst ist das mächtige Motiv, das die libidinösen Strebungen des Ödipuskomplexes zum Teil desexualisiert. Damit läßt Freud die Latenzzeit der Sexualentwicklung des Kindes beginnen. Die aufgegebenen (Sexual-) Objektbesetzungen werden nun durch Identifizierung ersetzt. Die auf diese Weise ins Ich hereingenommene Vater- oder Elternautorität bildet dort den Kern des Über-Ichs. Diesem schreibt Freud die Funktion des Gewissens zu und nennt es den „Ersatz des Ödipuskomplexes". Schuldbewußtsein ist z. B. Ausdruck einer Spannung zwischen Ich und Über-Ich, denn das Ich sieht, daß es hinter den Anforderungen seines Ideals, des Über-Ichs, zurückgeblieben ist. Das Über-Ich behält wesentliche Charaktere der introjizierten (hereingenommenen) Personen bei: ihre Macht, Strenge, Neigung zur Beaufsichtigung und Bestrafung. In diesem Zusammenhange sagt Freud: „Der kategorische Imperativ Kants ist so der direkte Erbe des Ödipuskomplexes." Dieser Satz charakterisiert zwar sicherlich eindringlich das, was hier psychologisch gemeint ist, enthält aber anderseits ein erkenntnistheoretisches Mißverständnis und ist wohl eines der krassesten Beispiele eines unbesonnenen Psychologismus[1]).

[1]) Ein ähnlich fataler Satz steht in den Kleinen Schriften zur Neurosenlehre, 4. Folge, Ges. Scr. Bd. V S. 486, worauf Nachmansohn aufmerksam gemacht hat (Nachmansohn, l. c. S. 57): „Wie Kant uns gewarnt hat, . . . unsere Wahrnehmung nicht für identisch mit dem unerkennbaren Wahrgenommenen (!) zu halten, so mahnt die Psychoanalyse, die Bewußtseinswahrnehmung nicht an die Stelle des unbewußten psychischen Vorganges zu setzen, welcher ihr Objekt ist." — Psychische Vorgänge erfassen Sinnzusammenhänge, ob sie bewußt werden oder unbewußt bleiben. Natürlich werden die unbewußt bleibenden immer überwiegen müssen. Welcher Gedanke ist psychologisch wichtiger, daß — im Beispiel zu reden (vgl. Zitat auf S. 50) — das Kind das „Objekt" der Mutterbrust aufgibt, sobald es fähig ist, die Gesamtvorstellung ihrer Person zu bilden oder aber, daß das „Unbewußte Wunschcharakter hat" — eine Behauptung, die mit jedem Patienten immer wieder neu durchgefochten werden muß (vgl. Freuds Traumdeutung). Was nötigt einen, das Erkennen

Bei der „kleinen Yonibesitzerin", wie man das psychoanalytische Mädchen nennen möchte, liegen die Verhältnisse der „Ödipussituation" wie folgt. Ihre Neigung gilt vorzugsweise dem Vater, die Mutter ist Rivalin, ihre Stelle möchte das Kind beim Vater einnehmen[1]). Ihre Klitoris hat sich zunächst „ganz wie ein Penis benommen", bald aber merkt das Mädchen, daß es „zu kurz gekommen ist". Es meint einen Penis durch Kastration verloren zu haben. Es akzeptiert also die Kastration als vollzogene Tatsache, während der Knabe sich davor fürchtet. So fehlt ihr zwar die Kastrationsangst, aber damit auch das „mächtige Motiv zur Aufrichtung des Über-Ichs und zum Abbruch der infantilen Genitalorganisation". Das Mädchen „gleitet aber — man möchte sagen längs einer symbolischen Gleichung — vom Penis auf das Kind hinüber, sein Ödipuskomplex gipfelt in dem ... Wunsche, vom Vater ein Kind zu gebären". Beide „Wünsche", der nach dem Penis und der nach dem Kind, bleiben „im Unbewußten stark besetzt" erhalten. Mit der „Verkümmerung des Penis" scheint Freud eine geringere Stärke des sadistischen Beitrags zum Sexualtrieb einherzugehen, was die Verwandlung der direkt sexuellen Strebungen in — „zielgehemmte zärtliche" erleichtert[2]). Das Gefühl des

zum bloßen Produkt einer Triebsituation zu machen? Es ist nicht einmal möglich. „Wahr" und „falsch" haben mit den Trieben der Psychoanalyse nichts zu tun.

[1]) Kasuistik für diese häufige Beziehung u. a. bei **Jung**, Die Bedeutung des Vaters für das Schicksal des einzelnen, bei Deuticke, Leipzig und Wien.

[2]) Hier wird der spekulative Charakter der Freudschen Theorien besonders deutlich; sie werden als Spekulationen — eingekleidet in eine metaphorisch zu verstehende naturwissenschaftliche Sprache — ihren Wert behalten und sind als solche weder richtig noch falsch. Unsinnig werden sie nur, wenn man sie hypostasiert. Die Klitoris ist niemals ein kleiner Penis und auch der kleinste Penis niemals ein Klitoris, braucht es auch in der Phantasie nicht zu sein, und wer weiß, ob ihn ein Kind jemals so erlebt hat oder erleben muß bzw. ob seine entsprechenden Erlebnisse sich mit dieser Formel hinlänglich ausdrücken lassen. Freud aber fällt das Sinnbildliche des Sexuellen nicht einmal im Traume auf (vgl. unten S. 76f.). Man muß sich hüten, Phantasiegut so weit zu generalisieren, daß es aufhört Phantasie zu sein und anfängt „real" zu werden. Die abstrakte, lehrsatzmäßige Diktion, in die Freud seine „Schau" kleidet, läßt leicht vergessen, aus welchem Bezirk sie stammt und wie sie einzuschätzen ist. Seine Phantasmen sind deshalb heute als „Psychoanalyse" hypostasiert. — Weh' dem, der sie — „analysiert".

Zurückgesetztseins, der Benachteiligung oder „des Penisneids" gehört beim Mädchen zum „Kastrationskomplex".

Die männlich-weibliche Polarität wird erst mit der Pubertät konstituiert. Auf der Stufe der sadistisch-analen Organisation war es der Gegensatz aktiv-passiv, auf derjenigen der infantilen Genitalorganisation heißt er männlich-kastriert. „Das Männliche faßt das Subjekt, die Aktivität und den Besitz des Penis zusammen, das Weibliche setzt das Objekt und die Passivität fort. Die Vagina wird nun als Herberge des Penis geschätzt, sie tritt das Erbe des Mutterleibes an" (Ges. Schr. Bd. V S. 237, „Die infantile Genitalorganisation").

Unter den Verhaltungsweisen des Menschen dem Trieb gegenüber spielt neben der Verdrängung die Sublimierung in der Freudschen Theorie eine Hauptrolle. Freud rechnet sie unter die „Triebschicksale", unter denen er neben Verdrängung und Sublimierung noch „Verkehrung ins Gegenteil" und „Wendung gegen die eigene Person" aufzählt. — Da er den Sexualtrieb für „hoch zusammengesetzt" hält, haben auch seine Komponenten, die „Partialtriebe", ihre „Schicksale". Nur ein Teil von diesen kommt dem Sexualleben zugute. Ein anderer wird von sexuellen Zielen abgelenkt und auf andere Ziele gewendet. Solche „Ablenkungen" vom Sexualziel nennt Freud „Sublimierung". In der „sexuellen Latenzperiode" werden „sogar auf Kosten der von erogenen Zonen gelieferten Erregungen im Seelenleben Reaktionsbildungen, Gegenmächte geschaffen, wie Scham, Ekel und Moral"[1]. (!)

Die Ablösung der Libido von den Objekten wird vermittelt dadurch, daß sich das Ich mit jenen Objekten identifiziert. Damit verändert sich das Ich, und Freud neigt zu der Auffassung, daß der Cha-

[1]) Ges. Schr. Bd. V S. 263.

rakter als Niederschlag der aufgegebenen Objektbesetzungen zu begreifen sei. Der „Charakter" des Menschen ist bei ihm aus — sublimiertem — Material sexueller Erregungen aufgebaut: so leiten sich „soziale Gefühle" aus homosexuellen Objekteinstellungen her; Trotz, Sparsamkeit, Ordentlichkeit aus der Verwendung der Analerotik; Ehrgeiz ist durch eine starke urethralerotische Anlage bestimmt[1]). Durch die Identifizierung strömt die Libido von den Objekten aufs Ich zurück und stellt zunächst abermals einen „sekundären Narzißmus" her. Hier kommt nun Freud zu der Frage der multiplen Persönlichkeiten. Werden die Identifizierungen allzu zahlreich und miteinander unverträglich, so kann eine Aufsplitterung des Ichs das Ergebnis sein, wenn die einzelnen Identifizierungen das Bewußtsein abwechselnd an sich reißen. Die bedeutsamste von allen ist jene erste Identifizierung mit dem Vater. Ihr gebührt eine Sonderstellung, weil sie dem „andern Inhalt des Ichs als Ichideal oder Über-Ich" entgegentritt. Höchstes Sublimierungsergebnis der Vatervorstellung ist die Vorstellung Gott.

Das praktisch und theoretisch wichtigste „Triebschicksal" der Psychoanalyse ist die Verdrängung. Ihr Wesen besteht in der Abweisung und Fernhaltung vom Bewußten und ist gebunden an eine scharfe Sonderung von bewußter und unbewußter Seelentätigkeit[2]). Für Freud entsprechen sich Verdrängung und Unbewußtes so weitgehend[3]), daß das Wesen der Verdrängung erst aus der Differenzierung von unbewußt und bewußt näher erkennbar wird. Er nimmt eine Urverdrängung an, die darin

---

[1]) Vgl. Ges. Schr. Bd. V S. 114f. Anm. 1 und S. 399. Gelegentlich ist auch Sublimierung gleich einer neuerlichen Verdrängung, wie Ges. Schr. Bd. VI S. 126 in „Bemerkungen zur Übertragungsliebe".

[2]) Freud meint, daß der Begriff der Verdrängung in der Zeit vor den psychoanalytischen Studien nicht aufgestellt werden konnte. In der Tat findet er sich schon bei Herbart, worauf Nachmansohn (l. c. S. 64ff.) aufmerksam macht.

[3]) Vgl. Ges. Schr. Bd. V S. 468.

besteht, daß der psychischen „Repräsentanz" des Triebes die Übernahme ins Bewußte versagt wird. Die e i g e n t l i c h e V e r d r ä n g u n g steht in assoziativer Beziehung zu jener. Sie kommt ebensowohl durch Abstoßung von seiten des Ichs wie durch die Anziehung zustande, die das Urverdrängte ausübt. Im Unbewußten organisieren sich die verdrängten Inhalte weiter, bilden Abkömmlinge, knüpfen Verbindungen an. Die Verdrängung arbeitet höchst individuell. Ihre Wirkung auf den Trieb kann dreifacher Art sein: entweder wird er ganz unterdrückt oder er kommt als qualitativ gefärbter Affekt zum Vorschein oder er wird in Angst verwandelt. Die neurotischen Ersatzbildungen und Symptome entsprechen einer W i e d e r k e h r d e s V e r d r ä n g t e n. Die abgewiesene Vorstellung ersetzt sich z. B. durch V e r s c h i e b u n g — oft auf Kleines, Indifferentes.

Wie Urverdrängung zustande kommt, ist keineswegs klar[1]). Auf jeden Fall soll der Begriff den Ur-Sprung oder -Riß zwischen dem (biologischen) Triebreservoir, dem „Es" (Freud), und dem Psychischen setzen. Psychologisch ist es die „Mutter", die auf anderer Stufe als „Sexual-Objekt" der Ödipus-Situation" erschien.

Was das Verhältnis des Triebes und des Psychischen zum Bewußtsein angeht, so ist der Trieb als solcher für immer vom Bewußtsein ausgeschlossen, ja vom Psychischen überhaupt — während dieses seinerseits sich nicht auf das Bewußtsein allein beschränkt. Im Bewußten wie im Unbewußten wird der Trieb repräsentiert durch Vorstellungen, also stets nur indirekt wahrgenommen, indem er sich an Vorstellungen „heftet". Im Bewußtsein ist nun häufig die e i g e n t l i c h e „Vorstellungsrepräsentanz" des Triebes durch eine uneigentliche e r s e t z t, die aber das Bewußtsein für die ursprüngliche hält, solange es nicht weiß, daß diese in Wahrheit der Verdrän-

[1]) Sie wird „angenommen" Bd. V S. 468.

gung erlag[1]). So kommen „falsche Verknüpfungen" zustande, die erst in den richtigen Zusammenhang gebracht werden müssen. Anderseits herrscht freilich gerade im Unbewußten eine „weit größere Beweglichkeit der Besetzungsintensität", d. h. der „Wunschregungen" oder „Triebrepräsentanzen", die den „Kern des Unbewußten" bilden: durch den Prozeß der „Verschiebung" kann im Unbewußten der ganze Besetzungsbetrag einer Vorstellung an eine andere abgegeben oder durch Verdichtung die ganze Besetzung mehrerer anderer an eine gelötet werden.

Dieser Unterschied zwischen dem „System Ubw" und dem „System Bw", wie Freud Unbewußtes und Bewußtes nennt, scheint wenig stichhaltig — um so weniger, als die Verschiebung von Affekten auf andere Vorstellungen und die Verdichtung vieler Erlebnisse in einer alltägliche psychische Ereignisse sind, die keineswegs „unbewußt" sein müssen. Man wird sich daher wohl an das halten, was l. c. S. 510 gesagt ist, wo es heißt, daß „eine scharfe und endgültige Scheidung des Inhalts der beiden Systeme sich in der Regel erst mit dem Zeitpunkte der Pubertät" herstelle. Das korrespondiert mit der bei Freud vielfach zu belegenden Auffassung, derzufolge der Inhalt des Unbewußten nichts ist als unbewußte Wünsche, die „von Kindheit an im Seelenleben ... immer gegenwärtig, aber für gewöhnlich verdrängt und vom bewußten Dasein ausgeschlossen sind"[2]). Dennoch hat „das Unbewußte den weiteren Umfang; das Verdrängte ist ein Teil des Unbewußten", heißt es auf S. 480. Anderseits sind Verdrängung und Unbewußtes „in so hohem Maße korrelativ" (S. 468), daß die tiefere Einsicht in das Wesen der Verdrängung erst aus

---

[1]) Als Prinzip eine geradezu gefährliche Behauptung!

[2]) l. c. Bd. V S. 440 und an verschiedenen anderen Orten mehr. „Kinderwünsche" also.

„dem Aufbau des psychischen Instanzenzuges und der Differenzierung von unbewußt und bewußt" erfahren werden kann.

Dieser „Instanzenzug" funktioniert im Sinne einer höheren Organisierung der psychischen Inhalte, wie denn das System Ubw „beim reifen Menschen ... streng genommen nur als Vorstufe der höheren Organisation" anzusehen ist[1]). Sein wesentliches Charakteristikum ist, daß seine „Wunschregungen" ihre Besetzung direkt „abführen" wollen. Überdies bestehen sie „unbeeinflußt nebeneinander, widersprechen einander nicht"[2]) — was heißen soll, daß sie einander diametral entgegengesetzt sind und sich deshalb widersprechen müssen, aber erst, sofern sie bewußt geworden sind. Selbstverständlich!

Im System „Vorbewußt" (Vbw), dem diejenigen Inhalte angehören, die bereits „bewußtseinsfähig" sind, herrscht dagegen bereits eine „Hemmung der Abfuhrneigung". Der „psychische Instanzenzug" zwischen den drei Systemen Ubw, Vbw und Bw will besagen, daß ein psychischer Akt im allgemeinen zwei Zustandsphasen durchläuft, zwischen welche „eine Art Prüfung eingeschaltet ist"[3]), die Freud „Zensur" nennt. Wird er von der Zensur abgewiesen, so tritt er nicht in das nächsthöhere System ein und heißt verdrängt. Ist er aber bewußtseinsfähig — Vbw — geworden, so kann er „ohne besonderen Widerstand" Objekt des Bewußtseins werden. Für gewisse Inhalte des Vbw wird allerdings nochmals eine Zensur eingeschaltet, wodurch zum Ausdruck gebracht werden soll, daß das „Bewußtwerden" auch dann „kein bloßer Wahrnehmungsakt" ist, sondern einem weiteren Fortschritt der psychischen Organisation entspricht[4]). Die unbewußten Vorgänge wer-

[1]) l. c. S. 205, der „Kinderwünsche" nämlich.
[2]) l. c. S. 501.
[3]) l. c. S. 487.
[4]) l. c. S. 508, auch S. 488.

den „für uns nur unter den Bedingungen des Träumens und der Neurosen erkennbar", weil sie „Vorgänge des höheren Vbw-Systems ... auf eine frühere Stufe zurückversetzen"[1]).

In dieser Auffassung wäre also das Wesen der Neurosen negativ als Ergebnis der Verdrängung — und positiv als Werk einer Zensurierung zu formulieren, die sich als nicht haltbar herausstellt ... weil sie psychologisch einer Einstellung entspricht, die zu eng und einseitig ist und daher aufgegeben werden sollte.

Es wäre noch anzumerken, daß Freud in seinem 1923 erschienenen Aufsatz „Das Ich und das Es" schreibt: „Auch ein Teil des Ichs, ein Gott weiß wie wichtiger Teil des Ichs, kann unbewußt sein, ist sicherlich unbewußt" und sich genötigt sieht, ein „drittes nicht verdrängtes Unbewußtes aufzustellen"[2]). Zu diesen nichtverdrängten und dennoch unbewußten psychischen Inhalten von bedeutender Wirkungsfähigkeit zählt er Selbstkritik und Gewissen, also in Summa das „Höchste am Ich" — das Über-Ich. Weder praktisch noch theoretisch ist freilich damit viel anders geworden. Es setzt sich nur der früher zwischen Ich und Trieb spielende Konflikt auf der höheren Ebene des Über-Ich fort, das seinerseits ausgiebig von den Triebregungen abhängig ist oder besser w a r , da es seine Entstehung dem „Ichtrieb"-Konflikt der „Vorzeit" verdankt.

Zusammenfassend kommt man zu der Auffassung, daß — von allen Komplizierungen abgesehen — das Unbewußte zwar nicht die Triebe selbst, wohl aber das t r i e b h a f t P s y c h i s c h e ist, das ohne Rücksicht auf reale Forderungen („Realitätsprinzip") sein Ziel („Lustprinzip") möglichst direkt erreichen will. Daß es sich erst mit der Pubertät hinreichend differenziert, besagt, daß ihm ein i n f a n t i l e r Charakter zugesprochen wird, ein Gedanke, der in der Freudschen Theorie des Traumes wiederkehrt. Der i n f a n t i l - s e x u e l l e C h a r a k t e r d e s U n b e w u ß t e n bei Freud ist auch weitgehend für seine Interpretierung der Symbolik des Unbewußten maßgebend.

---

[1]) l. c. S. 502.
[2]) Ges. Schr. Bd. VI S. 360.

7. Die Übertragung (Freud)

Nach dieser Übersicht über die rein theoretischen Ansichten der Freudschen Psychoanalyse bleibt noch die Erwähnung derjenigen beiden Momente übrig, die für den Gang der praktischen Behandlung in erster Linie bedeutsam sind. Es sind dies die „Übertragung" und die Traumdeutung. Die Übertragung ist gleichsam die Energiequelle für die Überwindung der „Widerstände", mit denen die neurotische Einstellung festgehalten wird. Es war Freud schon in den Zeiten der Katharsis aufgefallen, daß die Person des Arztes für den Patienten in besonderer Weise wichtig wurde. Der Begriff „Übertragung" taucht zum erstenmal in den Studien über Hysterie auf. Freuds psychologische Aufmerksamkeit, die damals ganz auf die Vergangenheit gerichtet war, um die „verursachenden Traumen" aufzuspüren, sah auch im Übertragungsphänomen zunächst nur das historische Element. Er nannte es „falsche Verknüpfung", wenn z. B. eine Patientin ihren „seinerzeit sofort ins Unbewußte verwiesenen Wunsch, von einem Manne geküßt zu werden, ohne die Nebenumstände erinnerte, die diesen Wunsch in die Vergangenheit verlegen konnten". Die „falsche Verknüpfung" (!) lag darin, daß diese „peinliche Vorstellung" sich auf den Arzt bezog, auf ihn „übertragen" wurde.

Anfangs schien das für den Fortgang der Behandlung unerwünscht, weil der dabei erwachte Affekt als „Widerstand" wirkte. Freud sah aber bald das Gesetzmäßige der Erscheinung und hielt es überdies für einerlei, ob die „psychische Arbeit" an dem historischen Begebnis oder am vorliegenden Fall zu leisten war. Denn die Übertragung schien ihm ein „Zwang" und eine „Täuschung", die mit Beendigung der Analyse zerfloß[1]). Später sah Freud in der Übertragung „die wichtigste Erfahrung ..., die seine Annahme

[1]) l. c. S. 236.

von den sexuellen Triebkräften der Neurose bestätigt"[1]). Denn er leitete die „zärtlichen, oft genug mit Feindseligkeit vermengten Regungen", die dem Arzt zugewendet wurden, „von den alten und unbewußt gewordenen Phantasiewünschen des Kranken" her, da sie in keiner realen Beziehung begründet waren. Der Patient erlebt ein Stück seines Gefühlslebens im Verhältnis mit dem Arzt wieder, wodurch er sich „von der Existenz wie von der Macht dieser unbewußten sexuellen Regungen überzeugt". — Es ist wohl etwas zuviel gesagt, diese Regungen summarisch unbewußt zu nennen, wichtig dagegen ist, daß die in ihnen zutage tretende Einstellung sich nicht auf die Beziehung zum Arzt beschränkt, sondern sich überhaupt in Beziehungen des Patienten zu den Menschen finden wird, und zwar um so stärker, je weniger er darauf achtet, daß in ihr ein psychologisches Problem enthalten sein könnte. Der Arzt wird im allgemeinen derjenige sein, der ihn darauf aufmerksam macht, d. h. jene Einstellung als Problem nimmt und sie zur Förderung des Patienten verwertet. Solange sie wirksam ist, attachiert sich der Patient an den Arzt — und soll es tun, da ja die Behandlung auf den subjektiven Voraussetzungen, die einer mitbringt, aufbauen will. Er reiht den Arzt einer jener „Imagines"[2]) von Personen ein, von denen er „Liebes zu empfangen gewohnt war" (Freud), er sieht ihn als Vater, Gatten, Mutter, Bruder, Lehrer oder Erzieher. Diese „positive" Übertragung teilt Freud in Gefühle „bewußtseinsfähiger Art und deren Fortsetzung ins Unbewußte". Die letzteren gehen „auf erotische Quellen zurück". Freud glaubt, daß alle unsere Gefühlsbeziehungen ursprünglich mit der Sexualität verknüpft seien und, so „rein" sie erscheinen mögen, sich durch „Abschwächung des Sexualzieles" entwickeln[3]). Die Übertragung ent-

[1]) Ges. Schr. Bd. VI S. 400, Über Psychoanalyse, fünf Vorl.
[2]) Nach dem Ausdruck Jungs: imago = Bild.
[3]) Ges. Schr. Bd. VI S. 60, Zur Dynamik der Übertragung.

spricht bei Freud also einer „(Sexual-) Objektbesetzung".

An das Ereignis, daß eine Übertragung auf den Arzt zustande kommt, ist der Verlauf der analytischen Behandlung entscheidend geknüpft. Wo auch ihm gegenüber keine haltbare Gefühlsreaktion mehr erfolgt, wie in ausgesprochenen Fällen von Schizophrenie, ist die analytische Therapie nicht fähiger als irgendeine. Denn dann kommt jenes eigentümliche Phänomen nicht zustande, das den Patienten unmittelbar an ein „Objekt" der „Realität" knüpft, die ihm bzw. seine Einstellung zu ihr damit in zwingender und direkter Weise erneut Problem wird.

Seiner neurotischen, d. h. unzureichenden Realitätsfunktion erwächst durch das Übertragungsphänomen die Aufgabe, zum Arzt eine Beziehung herzustellen und dadurch gleichzeitig die Realitätsfunktion auf ein normgemäßes und lebensfähiges Niveau zu bringen. Das ist natürlich nur möglich in dem Maße, wie der Arzt selbst eine einwandfreie Haltung den realen Forderungen des Lebens gegenüber hat. Er darf nicht selber Neurotiker sein bzw. muß die neurotische Einstellung überwunden haben. Gerade im Hinblick darauf besteht der Satz Jungs zu Recht: „Die Analyse verlangt Opfer, die irgendeine andere Wissenschaft nie verlangt, nämlich schonungslose Selbsterkenntnis; es muß immer aufs neue betont werden, daß das praktische und theoretische Verständnis der analytischen Psychologie eine Funktion der analytischen Selbsterkenntnis ist[1])."

Die Psychologie der Übertragung wäre einseitig formuliert, wenn man sie lediglich zur Vorgeschichte des Patienten in Beziehung setzt, aber auch dann, wenn man sie überhaupt nur aus der Psychologie des Patienten entwickelt. Denn was den Patienten angeht, so steht der aktuelle Sinn des Über-

[1]) Jung, Morton Prince, eine kritische Besprechung. Jahrb. f. psychoanal. Forsch. Bd. III.

tragungsphänomens durchaus im Vordergrund — trotz allen historischen Bedingtheiten und Analogien; dann darf aber ferner auch die Rolle des Arztes im Übertragungsverhältnis nicht ganz übersehen werden[1]). Nicht daß sie irgend aktiver Natur wäre oder sein dürfte — nichts lächerlicher als etwa die Bemühungen des Analytikers, „Übertragungen zu bekommen", es hieße die Feinheiten des psychologischen Verhältnisses gründlich verkennen, wenn man dächte, daß solche Absichten da irgend etwas ausrichten ... Dennoch ist die Übertragung psychologisch eine Projektion vom Patienten auf den Arzt — nämlich die Projektion einer anders noch nicht formulierbaren (unbewußten) Quantität psychischer Energie (im Sinne Jungs), von deren Existenz der Patient durch die und in der Person des Arztes zu ahnen beginnt — die der Arzt beim Patienten „konstelliert". Es ist daher selbstverständlich, daß gewisse Eigenschaften des Arztes den unbewußten Bereitschaften des Patienten entgegenkommen müssen. Projektionen heften sich nur dort an, wo etwas mindestens möglicherweise dies oder jenes bedeutet — vergleichbar etwa den „points de repère", die posthypnotische Suggestionen aktivieren, nur mit dem Unterschied, daß solche „Anhaltspunkte" beim Arzt auch einem tatsächlichen Inhalt entsprechen müssen, der sich nicht durch „suggestives Benehmen" oder „Autorität" ersetzen läßt. Das würde zwar gelegentlich genügen, die Übertragung beim Patienten zu aktivieren, sie würde aber allzu rasch verfliegen oder sich ins Gegenteil verkehren müssen. Es wäre Schaumschlägerei.

Unter Projektion versteht man die Hinausverlegung subjektiver Inhalte in das Objekt. Insofern sich eine Objektbeziehung bzw. ein Subjektbewußtsein aus dem Zustand unbewußten Einsseins (Iden-

[1]) Vgl. dazu W. M. Kranefeldt, „Zur Psychologie der Behandlung", erschienen 1939, im Zentralbl. f. Psychotherapie u. ihre Grenzgebiete, Bd. 11, H. 5.

tität) entwickelt (vgl. S. 118 f.), ist Projektion der Zustand einer ersten Abtrennung oder Bewußtwerdung des Subjekt-Objekt-Verhältnisses. Die Anteile der Beziehung sind jedoch noch ungleich verteilt: das Objekt erhält im guten wie im üblen Sinne mehr, als ihm zukommt. Das Mehr setzt sich zusammen aus Inhalten, die dem Subjekt zugehören, die es aber infolge der noch bestehenden teilweisen Identität als zum Objekt gehörig gewahr wird, d. h. die ihm in projizierter Form erscheinen.

Diese subjektiven Inhalte bilden das Objekt in um so phantastischeren Formen ab, je „unrealer" (subjektiver) das Objekterlebnis ist. Desto dringlicher wird aber auch die Überwindung der phantastischen Auffassung im Interesse einer „realen" Beziehung und desto wichtiger ist die Zurückgewinnung der projizierten Anteile für die Psychologie des Subjekts.

Das Übertragungsverhältnis drückt sich auch im Unbewußten des Patienten phantastisch aus: kollektive Beziehungstendenzen z. B. in sexueller Form, individuierende im engeren Sinne (s. Individuationsprozeß) oft in mythologischen Bildern des „kollektiven Unbewußten" (Jung). Sie werden entsprechend dem verschiedenen Bezugsniveau, das sie phantastisch vorwegnehmen, auch entsprechend verschieden zu bewerten und zu behandeln sein.

August Vetter weist auf die tiefe Verwandtschaft des analytischen Prozesses mit der christlichen Bekehrungsbotschaft hin, insofern in dieser der „Sündenfall", die Abkehr vom Schöpfer, mit dem erwachenden Geschlechtsbewußtsein zusammenhängt und die Erlösung durch einen Mittler geschieht, der freiwillig die Sünden der Welt auf sich nimmt und durch diese „Übertragung" dem Verlorenen die Möglichkeit der eigenen Errettung gibt[1]).

[1]) August Vetter, Auslegungen der Seele (Zeitschrift für Menschenkunde, Hrsg. Dr. von Hattingberg und Niels Kampmann, Jahrg. V Heft 3).

8. Freuds Traumdeutung

Im Jahre 1900 erschien Freuds „Traumdeutung". Die Wissenschaft verdankt diesem Werk den Nachweis, daß der Traum eine psychologische Bedeutung hat, daß sich also ein individueller Sinn aus ihm entwickeln lasse. Freuds Traumdeutung steht daher am Anfang einer neuen Epoche der praktischen wissenschaftlichen Psychologie, wiewohl sie nur eine Seite des Traumproblems ausführt und zugleich den Fehler begeht, diese Seite für das Ganze zu nehmen und sie dogmatisch festzulegen. Sein Ausgangspunkt für die Traumforschung waren psychopathologische Bildungen. Freud nennt den Traum „das erste Glied in der Reihe abnormer psychischer Gebilde, deren weitere Glieder die hysterische Phobie, die Zwangs- und Wahnvorstellung sind"[1]). Er gilt ihm als die „via regia" zum Unbewußten, und so stellt er ihn von vornherein unter ein gewisses Odium des Pathologischen[2]).

Das Wesentliche seiner Theorie des Traumes geben etwa folgende Sätze wieder:

1. Jeder Traum hat den Sinn einer Wunscherfüllung. Von dieser Regel gibt es nur eine Ausnahme, nämlich diejenigen Träume der „Unfallneurotiker", die den Träumer wiederholt in die kaum wunschgemäße Situation des Unfalls zurückführen. Auch hier wieder ist es der „Wiederholungszwang", der in gewissem Sinne das „Lustprinzip" überwältigt, dem ja nach Freud der „seelische Apparat" untersteht. Die Wiederholung dient der Absicht, diejenige Reizbewältigung nachzuholen, deren Unterlassung die Ursache der traumatischen Neurose wurde[3]).

2. Die meisten Träume sind „entstellt", der Traum

---

[1]) Vgl. Vorbemerkung zur „Traumdeutung", Ges. Schr. Bd. II.

[2]) „Der Traum selbst ist auch ein neurotisches Symptom", in den Vorl. z. Einf. i. d. Psa., Ges. Schr. Bd. VII S. 79.

[3]) Ges. Sch. Bd. VI S. 220 in „Jenseits des Lustprinzips".

ist „die (verkleidete) Erfüllung eines unterdrückten, verdrängten Wunsches". Die „Entstellung" ist das Werk der „Zensur", die aus den „latenten" Traumgedanken den „manifesten" Traum formt. Die „latenten Traumgedanken unterscheiden sich in keiner Weise von ... unserer bewußten Seelentätigkeit, sie können in einem Zeitpunkt des Wachlebens bewußt gewesen sein, werden aber im Schlaf mit unbewußten Strebungen vermengt, gewissermaßen auf den Zustand unbewußter Gedanken herabgedrückt"[1]). Da in der Analyse die „latenten" Gedanken aus dem „manifesten" Traum entwickelt werden, läuft die Freudsche Traumanalyse auf eine Bewußtmachung jener Strebungen hinaus, die Freuds Auffassung als unbewußt postuliert. Die „latenten" Gedanken sind oft nur im Traum latent, dank der „Traumarbeit", wie Freud den Vorgang der Verschwisterung „latenter" (d. h. bewußt schon gehabter) Gedanken mit verdrängten (d. h infantil-sexuellen) Strebungen nennt, die den Traum formt. Die „Traumarbeit" ist also entweder ein Leerlauf oder ergibt einen Unsinn. Tatsächlich wird auch in Freuds „Traumdeutung" der erste dort analysierte Traum als Unsinn charakterisiert[2]).

3. Angstträume sind sexuellen Inhalts. Die zu-

---

[1]) Ges. Schr. Bd. XI S. 207 und Bd. V S. 441.

[2]) Der Traum von Irmas Injektion (Ges. Schr. Bd. II S. 108ff.), wo Freud zu dem Resultat kommt, ihn „für ein Plaidoyer zu halten, das lebhaft an die Verteidigung des Mannes erinnere, der von seinem Nachbar angeklagt war, ihm einen Kessel in schadhaftem Zustand zurückgegeben zu haben. Erstens habe er ihn unversehrt zurückgebracht, zweitens war der Kessel schon durchlöchert, wie er ihn entlehnte, drittens hatte er nie einen Kessel vom Nachbar entlehnt". Genau so schlössen die Erklärungen für Irmas Leiden einander aus. — Das ist insofern unbefriedigend, als das Buch beabsichtigt, den Sinn der unbewußten Produkte aufzuzeigen; und ferner ist es oder wäre es eine Gefahr, wenn jemand seinem unbewußten Inneren einen solchen Nihilismus unterstellen wollte „Die Einengung", sagt August Vetter („Natur und Person", S. 89, Verlag Ernst Klett, Stuttgart 1949), „des unterbewußten Wirkens auf den Grenzbereich der seelischen 'Störung', der Sinnentstellung und Wertverschiebung", (scil. abwegiger Wunscherfüllungen in den Zerrbildern des Traumes und des Wahnes, des Witzes und der sprachlichen Fehlleistuug — l. c.), „die schließlich den verdrängten Lebenstrieb geradezu als 'Todestrieb' erscheinen läßt, zeigt symptomatisch die zwanghafte Abwehrhaltung des Rationalismus gegenüber der aufgebrochenen und ihre Wiedereinbeziehung heischenden Tiefenschicht der Seele".

gehörige (Sexual-) Libido ist in Angst verwandelt worden. Sie sind daher „kein Einwand gegen die Wunscherfüllungstheorie", ebensowenig wie „Strafträume", die nur an Stelle der „verpönten Wunscherfüllung" die dafür gebührende Strafe setzen.

Es möge hier ein Traumbeispiel folgen, das nach Freud gedeutet ist. Wir entnehmen es Freuds Ges. Schr.[4]). Es ist ein Traum Bismarcks, den er in einem Briefe vom 18. Dezember 1881 an Kaiser Wilhelm I. erwähnt. Die Briefstelle lautet:

„Eurer Majestät Mitteilung ermutigt mich zur Erzählung eines Traumes, den ich im Frühjahr 1863 in den schwersten Konfliktstagen hatte, aus denen ein menschliches Auge keinen gangbaren Ausweg sah. Mir träumte und ich erzählte es am Morgen sofort meiner Frau und andern Zeugen, daß ich auf einem schmalen Alpenpfad ritt, rechts Abgrund, links Felsen; der Pfad wurde schmäler, so daß das Pferd sich weigerte und Umkehr und Absitzen wegen Mangel an Platz unmöglich; da schlug ich mit meiner Gerte in der linken Hand gegen die glatte Felswand und rief Gott an; die Gerte wurde unendlich lang, die Felswand stürzte wie eine Kulisse und eröffnete einen breiten Weg mit dem Blick auf Hügel und Waldland wie in Böhmen, preußische Truppen mit Fahnen und in mir noch im Traum der Gedanke, wie ich das schleunig Eurer Majestät melden könnte. Dieser Traum erfüllte sich, und ich erwachte froh und gestärkt aus ihm."

Die l. c. gegebene Interpretierung sagt mit Recht, daß „die schwierige Lage, in der sich Roß und Reiter befinden, eine leicht kenntliche Traumdarstellung der kritischen Situation" sei, in der sich Bismarck seinerzeit befand. Einsame Höhe, der Pfad wird schmäler, kein Ausweg, soweit „ein menschliches Auge sehen kann" keine Lösung erkennbar!

---

[4]) Bd. III S. 95. Der Traum selbst steht: Bismarck, Gedanken und Erinnerungen Bd. II S. 222 der Volksausgabe..

Überflüssigerweise wird dann die „Alpenlandschaft" so begründet, daß Bismarck damals wohl schon gewußt habe, daß er seinen nächsten Urlaub in den Alpen zubringen werde, der Traum habe ihn dorthin versetzt und ihn so „von lästigen Staatsgeschäften mit einem Schlage befreit" — ein Schlag allerdings, sich in einer solchen Urlaubssituation zu finden!

Doch ferner: dem „Kenner der psychoanalytischen Deutungstechnik" muß die Reitgerte auffallen, die „unendlich lang" wird. Gerte, Stock, Lanze und ähnliches sind als phallische Symbole geläufig. Wenn aber jene Gerte die auffallendste Eigenschaft des Phallus, die Ausdehnungsfähigkeit besitzt, dann könne kein Zweifel sein ... auch wenn kein Phallus „unendlich" lang wird. (Warum nicht?) Die „Übertreibung des Phänomens" scheine auf infantile Überbesetzung (!) zu deuten, das In-die-Hand-nehmen der Gerte sei eine deutliche Anspielung auf die Masturbation, zwar nicht auf aktuelle, sondern auf „weit zurückliegende Kinderlust". Denn links im Traume bedeute Unrecht, Verbotenes, Sünde, was auf heimliche Kinderonanie sehr gut passe. — Ferner wird an die naheliegende Parallele der Bibelszene am Haderwasser erinnert, wo Moses mit einem Stab Wasser aus dem Felsen schlägt und so die Kinder Israels vor dem sicheren Untergang rettet. Auch dort seien Einzelheiten sehr gut für die Masturbationsphantasie verwendbar; der phallische Stab, das Erzeugen von Flüssigkeit durch das Schlagen (!) damit und die Todesdrohung zeige „alle Hauptmomente der infantilen Masturbation beisammen". Werk der „Traumarbeit" sei es, die zwei „heterogenen Bilder" — eins aus der Psyche des genialen Staatsmannes, das andere aus den Regungen der primitiven Kinderseele — durch Vermittlung der Bibelstelle zusammengeschweißt zu haben, wodurch alle „peinlichen Momente" weggewischt seien. Das Ergreifen des Stockes sei eine verbotene, aufrührerische Handlung, hier angedeutet durch die linke Hand. Gott werde angerufen „nur“ im „manifesten“ Trauminhalt, wie um ostentativ jeden Gedanken an Verbot und Heimlichkeit abzuweisen. Von den beiden Verheißungen Gottes an Moses, daß er das verheißene Land zwar sehen, aber nicht betreten werde, sei eine deutlich als erfüllt dargestellt (Blick auf Hügel und Waldland), die andere, „höchst peinliche gar nicht erwähnt“. Denn das Wasser sei „wahrscheinlich der sekundären Bearbeitung zum Opfer gefallen, statt dessen stürze der Fels selber ein“. Der Traum wird also als „entstellte“ Masturbationsphantasie aufgefaßt. Den Schluß einer solchen — heißt es weiter — müsse man eigentlich so erwarten, daß „das Kind“ wünscht, die Autoritätspersonen möchten nichts von dem Geschehenen erfahren. Hier sei nun dieser Wunsch durch das Gegenteil, den Wunsch, das Vorgefallene dem König gleich zu melden, „ersetzt“. Diese Umkehrung schließe sich ausgezeichnet und „ganz unauffällig“ der in einem Teil des manifesten Trauminhalts enthaltenen Siegesphantasie an. Ein Sieges- oder Eroberungstraum sei oft Deckmantel eines erotischen Eroberungswunsches und — summa summarum — dieser Traum ein Musterbeispiel einer gelungenen „Traumentstellung“, ein Idealfall gelungener Wunscherfüllung ohne Zensurverletzung — weshalb auch der Träumer froh und gestärkt erwacht sei ... und — muß man hinzusetzen — noch nach 18 Jahren diese Albernheiten erinnert.

Was aber geht hier psychologisch vor? Nichts anderes, als daß e i n Phantasieprodukt — der Traum Bismarcks — an einem andern, und zwar ganz heterogenen, nämlich der Freudschen Theorie gemessen wird. Es ist nicht einzusehen, wie damit grundsätzlich der Sinn von Träumen könnte zu entdecken sein. Im vorliegenden Falle ist das Ergebnis zweifellos nur die Einsicht in die Begrenztheit der Phantasiegrundlagen dieses Traumschlüssels. Dennoch hat man den spekulativen Charakter der Freudschen Thesen vielfach übersehen, um so eher, als sich manche Phantasievorgänge befriedigend auf jene zurückführen lassen. Das ändert aber nichts daran, daß sie wesentlich Phantasien sind — und sein müssen, wollen sie ihrem eigentümlichen Gegenstand überhaupt gerecht werden. Phantasie will in ihrer eigenen Sprache angesprochen sein. Wohl können sie in gewissem Sinn als typisch gelten — nämlich soweit sie typische Phantasiezusammenhänge in ein System gebracht haben. Man sieht aber, zu welchen Absurditäten es führt, wenn man glaubt, daß eine so enge Phantasieschablone allgemeingültig sei. Auch eine Unterscheidung zwischen „manifest" und „latent" rettet nichts, da ein solcher Unterschied gar nicht existiert bzw. nur dem zwischen „Sinnlichem" und „Sinn" entspricht, wie er überall zu machen ist und gemacht wird — außer in der Psychoanalyse und im Materialismus. Freud benutzt übrigens seine Hintertür zum „Latenten" auch nur dann, wenn der Sinn dunkel ist. Daß aber manche Träume schwer verständlich sind, ist erstens allgemein bekannt und beschränkt sich zweitens keineswegs auf Träume allein oder überhaupt auf das „Unbewußte".

Zum Schluß seien noch einige Bemerkungen über Traumsymbolik angefügt. Freud nennt sie das „zweite unabhängige Element neben der Traumzensur", das den Traum schwer verständlich mache, und spricht gewissen Traumelementen „konstante Übersetzungen" zu, bei denen die Assoziationen des Patienten versagen und gleichsam zu Recht versagen dürften. Denn die Bedeutungen dieser Elemente seien gegeben durch unsere Kenntnis der Märchen, Mythen, Schwänke und Witze, des Folklore, in denen sich eine gleichartige Symbolik finde, freilich eine, die sich nicht auf Sexualsymbolik beschränke. Freud findet es selber „nicht leicht erklärlich", daß der Traum die Symbole „fast ausschließlich zum Ausdruck sexueller

Objekte und Beziehungen verwende." Das tut allerdings nicht der Traum, sondern die psychoanalytische Theorie.

In dem obigen Beispiel finden wir an „Symbolübersetzungen" Gerte und Mosesstab. Beide werden, wie längliche Gegenstände überhaupt, als Penis, als „entstellte" Sexualglieder sozusagen, aufgefaßt — besonders wenn sie sich, wie Bismarcks Reitgerte, ausdehnen. Es ist zweifellos, daß alle diese Gegenstände gelegentlich phallisch gemeint sein können. Daß man hier damit nicht auskommt bzw. dann immer noch vor der Aufgabe stünde, den Sinn dieser phallischen Symbolisierung zu finden, ist offenbar. Denn in der „Kinderonanie" ist er nicht gefunden, das ist theoretisches Vorurteil. Was die Bibelstelle angeht, so muß man sie überdies zu den Mythen zählen und kann auch nach Freud eine andere Auffassung suchen. Mose IV, Kap. 20, Vers 7 ff., heißt es nun: „Und Gott sprach zu Mose: Nimm den Stab ..." Kann man „deuten", das Über-Ich animiert selber zur „Kinderlust"? Das wäre die schulgemäße Interpretation — und eine offenbare Absurdität — und zwar gerade auf „psychoanalytisch".

Nimmt man sich die Mühe, die Bibelstelle weiter nachzulesen, so sieht man, daß der Konflikt zwischen Gott und Moses daraus entsteht, daß Moses an den Felsen schlägt, statt — wie Gott es geheißen hatte — mit seinem Stab in der Hand zu ihm zu sprechen. Die Situation ist nämlich die, daß das Volk das Vertrauen in die göttliche Leitung verloren hat angesichts der Notlage, in die es geraten ist, und in Moses drängt, es zu erretten. Nun soll aber die Rettung nicht aus eigener Machtvollkommenheit des Moses erfolgen, sondern, allem Volke sichtbar, nur durch seine Mittlereigenschaft aus dem Willen des Höchsten selbst hervorgehen — zum Zeichen, daß auch er, nicht Moses und Aaron, bereits das

Volk in diese Lage gebracht hatte, aus der er es zu gegebener Zeit auch wieder hinausführt[1]).

Das gibt einen Sinn, der tief ist und dennoch klar. Wir haben auch bei der Traumdeutung keine andere Möglichkeit, den Sinn zu erfassen, als indem wir die Teile in den Zusammenhang einordnen, aus dem sie stammen. Nicht aber in andere Zusammenhänge, die zur Theorie erhoben wurden. Und dazu ist Phantasie unerläßlich, Freud aber begeht den Fehler, seine eigene begrenzte Phantasiefähigkeit zur wissenschaftlichen These umzurationalisieren, tut also gerade das, was mit ihrem ganzen Witz die Analyse aufzudecken trachtet. Gegebenenfalls kann „links im Traume" allerdings das Verbotene, die Sünde bedeuten. Im Bismarckschen Traum aber offenbar nicht. Dort heißt es das „Unbewußte" — das, was über die „bewußte" Erkenntnis der Situation, aus der „ein menschliches Auge keinen gangbaren Ausweg sah", hinausreicht — mit den entsprechenden „weitreichenden" Folgerungen.

Die Freudsche Traumsymbolik beschränkt sich denn auch — ihrem Phantasieprinzip entsprechend — auf einen „nicht großen Umfang von Dingen, nämlich den menschlichen Leib als Ganzes, die Eltern, Kinder, Geschwister, Geburt, Tod, Nacktheit — und dann noch eines", und dieses eine sind: — die Genitalien und deren Verrichtungen. Sie nehmen die „übergroße Menge" der Traumsymbole für sich in Anspruch, neben welcher die zuerst genannte Gruppe von Freud als geradezu armselig bezeichnet wird[2]). — Wäre dies wirklich der Fall, so würde das nur bedeuten, daß die gesamte psychische Energie um diesen Punkt kreist. Und das scheint allerdings für die Freudsche Theorie zuzutreffen.

Als typische Darstellungen führt Freud auf: die Person

---

[1]) Vgl. Samson Raphael Hirsch (der Pentateuch IV, Verlag Kauffmann, Frankfurt a. M. 1903, S. 287 und 289), der in Moses Handlungsweise „ein nicht geeignetes Hervortreten der eignen Persönlichkeit" sieht.

[2]) Vgl. Ges. Schr. Bd. VII, Vorl. z. Einf. i. d. Psa., S. 154 u. a. O.

als Ganzes in Form eines Hauses. Häuser mit glatten Fassaden seien Männer, solche mit Vorsprüngen und Balkonen Frauen. Die Eltern erscheinen als Kaiser und Kaiserin, Geschwister als Ungeziefer, Würmer („armes Wurm"), die Geburt habe Beziehungen zum Wasser (hineinsteigen, hinaussteigen, jemanden retten u. dgl.), sterben sei abreisen, abfahren, das Totsein werde „dunkel, wie zaghaft angedeutet", Nacktheit durch Kleider oder Uniform ausgedrückt.

Die Genitalsymbolik krankt an dem Mißverhältnis zwischen dem geringen Umfang der bezeichneten Dinge (Genitalien, Geschlechtsverkehr) und der ungemein großen Zahl der dafür möglichen Symbole, was eine Deutungsmonotonie ergibt, die „jedem mißfalle, der davon erfährt. Aber was sei dagegen zu tun?"[1])

Für das männliche Genitale stehe: die heilige Zahl drei, längliche Gegenstände, auch Bäume, Kirchtürme, Messer, Dolche, Revolver, Wasserhähne, Gießkannen, Springbrunnen usw. Im ängstlichen Traum der Mädchen spielt die Verfolgung durch einen Mann mit einem Messer oder einer Schußwaffe eine Rolle. Flugträume seien sexuelle Erregung, die Bedeutung der Luftschiffe, Zeppeline wird aus ihrer Eigenschaft sich „gegen die Schwerkraft aufzurichten" (!) gefolgert. Teile des Körpers, wie Fuß, Hand, stünden an Stelle des männlichen Gliedes, auch Hut und Mantel, desgleichen alle komplizierten Maschinen hätten Genitalbeziehung. Der Hut z. B. kann aber ebenso das „Behüten" oder „Behütete" meinen, auch den Geist, freilich auch den „phallischen".

Das Weibliche werde ausgedrückt durch Schachte, Gruben, Höhlen, Gefäße, Flaschen, Schachteln, Dosen, Koffer, Büchsen, Kisten, Taschen, Schiffe, Schmuckkästchen, Süßigkeiten, Schnecken, Muscheln, Kirche, Kapelle. Holz (griechisch — hyle, womit es gleichen Stammes ist, Stoff, Rohstoff bedeutend) ist ein Muttersymbol (vgl. Madeira, die wegen ihres Waldreichtums so genannte Insel — madeira — materia — mater). Äpfel, Pfirsich für die weiblichen Brüste u. dgl.

Die Genitalbehaarung sei dargestellt durch Wald, Gebüsch. Landschaften mit Fels, Wald, Gebüsch entsprächen den „komplizierten topographischen Verhältnissen der weiblichen Geschlechtsteile". Darstellungen der Onanie durch jede Art von Spielen, durch Gleiten, Rutschen, Ab-

[1]) l. c. S. 155.

reißen von Ästen, Zahnausfall, Zahnziehen. Rhythmische Tätigkeiten, Tanzen, Reiten, Schaukeln, können den Geschlechtsverkehr symbolisieren, das „Kleine", der kleine Sohn, „meine Kleine" Genitalbedeutung haben.

Freud hält diese „Bedeutungen" für „konstante Übersetzungen von Traumsymbolen". Insofern der Traum nichts ist als ein Phantasieprodukt, ist ein theoretischer Ukas darüber, was alles Inhalt der Phantasie sein kann, einerseits eine ziemlich belanglose Sache (von der Seele her gesehen), anderseits eine Art von Eselsbrücke für solche, die sich, ohne selbst Phantasie zu haben, beruflich mit Phantasien beschäftigen sollen.

Wer begriffen hat, daß die Seele in Phantasien ihren natürlichen Ausdruck bildet, wird fragen, warum Freud das Phantasieleben der Seele mit Sexualphantasien gleichsetzt. Der Grund ist, daß er die sexuelle Verdrängungssituation verallgemeinert. Er gibt also keine Theorie der Seele, sondern beschreibt eine — und zwar vornehmlich beim jugendlichen Manne häufige — Einstellung des Bewußten zum Unbewußten. Da dieser Standpunkt nicht im geringsten relativiert wird, ergibt sich eine Art Ptolemäisches System der Psyche.

9. Die „Individualpsychologie" Alfred Adlers

Kann man die Lehre Freuds bezeichnen als eine Psychologie der Verästelungen des Sexualinstinkts in der menschlichen Seele, so ist die Psychologie Adlers eigentlich die Aufspürung des Verhältnisses zwischen Einzelmensch und Gemeinschaftswesen und der daraus sich ergebenden psychologischen Motivierungen. Ist Freuds Neurosenlehre im letzten Grunde am Sexus orientiert bzw. an dessen biologisch-chemischer Abstraktion, so Adler an der Idee der Einordnung des einzelnen in die Gesamtheit. Adler sieht im G e m e i n s c h a f t s g e f ü h l einen integrierenden Bestandteil des menschlichen Charakters. Wer diesem Gefühl sich versagt, sich der Gemeinschaft entzieht, um sich selber zu leben, der hat dafür die Bürde der Neurose zu tragen. Die seelische Entwicklung wird begriffen als eine Auseinandersetzung zwischen den Ansprüchen des Ichgefühls und den Verpflichtungen, die dem Ich als Glied der Gemeinschaft erwachsen.

Bevor sich Adler der Psychologie zuwandte, hatte er 1907 eine „Studie über die Minderwertigkeit von Organen" veröffentlicht. Dort führt er aus, wie die Schwäche gewisser Organsysteme die Vorbedingung zu Erkrankungen dieses Systems bildet, anderseits aber auch zum Anlaß wird, physiologisch oder psychologisch einen Ausgleich zu schaffen, um die funktionelle Minderwertigkeit — oft im Überschuß zu kompensieren: zu „überkompensieren". Durch Training wird eine funktionelle Mehrwertigkeit erreicht, ohne daß freilich die erhöhte Krankheitsbereitschaft damit immer beseitigt wäre.

Dies am Körper aufgezeigte Verhältnis wird gleichsam das schematische Paradigma für das psychologische Verhalten des Einzelmenschen im Gesamtorganismus der menschlichen Gemeinschaft. Das einzelne Ich spielt — vom großen Ganzen her gesehen — gleichsam die Rolle eines minderwertigen Organsystems. Ähnlich wie dort entwickelt sich in einer abhängigen und hilflosen Situation, wie sie in ausgeprägter Weise gerade beim Kind vorliegt, ein Kompensationsversuch, der das Ich aus der Lage des „Untenseins" heraus- und zur Selbständigkeit emporführen soll. Wenn das Kind aber seine Lage in einer Weise empfindet, die diesem Streben eine falsche Note gibt, dann schießt auf einem Ressentiment, das Adler *Gefühl der Minderwertigkeit* nennt, als Überkompensationserscheinung ein *Geltungsstreben* auf, mit dem einseitig die Interessen des Ich durchgesetzt werden sollen, ohne Rücksicht auf den gemeinschaftlichen Zusammenhalt, dem das Ich angehört und in den es sich einordnen sollte. Dieses Geltungsstreben, diese Machtabsicht führt daher in die Neurose hinein. Denn wo der Allgemeinheit nicht gedient wird, muß ein System von Vorwänden und fiktiven Gründen errichtet werden, als welche eben die neurotischen Symptome zu gelten haben. Die vom Minderwertigkeitsgefühl emporgetriebene Machtabsicht ist es, die als geheime Unterströmung das Getriebe der Neurose speist; die so gewonnene „Macht" ist der „Krankheitsgewinn", mit dem sich die Flucht in die Neurose bezahlt macht.

Die Machtabsicht kann auf die verschiedenste Weise ihr Ziel zu erreichen suchen. Ein häufiger „Kunstgriff" bei Kindern wie Erwachsenen ist die geschickte Ausnutzung der wirklichen oder eingebildeten Hilflosigkeit: Eltern, Erzieher oder Pflegepersonal, ja selbst Ärzte kann ein solcher Patient dauernd in Atem halten, um sich auf diese Weise Einfluß auf die Umgebung zu sichern. Bei Frauen nimmt das Geltungsstreben häufig jene Form an, die Adler als männlichen Protest bezeichnet. Die eigentlich weibliche Rolle wird abgelehnt, das ganze Streben richtet sich darauf, es dem Manne gleich zu tun, weil „männlich" als gleichbedeutend mit „stark-oben" gewertet wird, so sehr anderseits eine Beziehung zum Manne fehlt, ja gerade infolge dieser Einstellung nicht zustande kommen kann. Adler nennt ganz allgemein den männlichen Protest „die Urform psychischen Geltungsdranges, nach welchem alle Erfahrungen, Wahrnehmungen und Willensrichtungen gruppiert werden". Er ist der dynamische Faktor, der die „Apperzeption ... zumal beim Neurotiker ... ebenso alle andern Charakterzüge und sonstigen psychischen und körperlichen Bereitschaften, in höchstem Maße vor allem die Wertung alles Erlebens nach dem männlichen Endzweck" richtet[1]).

[1]) Vgl. Alfr. Adler, Über den nervösen Charakter, 3. vermehrte Auflage S. 15, Bergmann, München, Wiesbaden.

Auch beim Manne kann die Vorstellung „männlich-stark-oben" bzw. „weiblich-schwach-unten" die psychologische Einstellung beeinflussen, sei es, daß er sich krampfhaft bemüht, „oben" zu sein, sei es, daß sich sein Minderwertigkeitsgefühl „sexualisiert", wodurch z. B. Angstzustände entstehen können, wie sie Freud als Ausdruck des „Kastrationskomplexes" auffaßt, oder aber sich der Geltungswille in überspannter Weise auf die Geschlechtsrolle als solche wirft, um sich sensu stricto als „Mann" zu bewähren. Adler sieht darin, wie auch in der Freudschen Ödipussituation nur ein Ausweichen vor einer andern, der gerade dringenden Lebensaufgabe. Auch die Bindung an die Mutter, Freuds „Inzestwunsch", ist ihm nur eine Form des Ausweichens, eine Entmutigung vor dem Leben, die in die Neurose führt.

Das Machtstreben, das den nervösen Charakter kennzeichnet, ist durchaus nicht immer unbewußt als solches. Im Gegenteil. Was dem Patienten aber mangelt, ist die Einsicht in den Zusammenhang zwischen den neurotischen Symptomen und seiner am Machtziel orientierten Grundtendenz. Er weiß nicht, daß seine Krankheit die notwendige Reaktion ist auf die Einstellung, die er infolge seiner Grundhaltung zu seinen Lebensaufgaben einnimmt. Dadurch, daß er diesen Aufgaben ausweicht, schließt er sich aus von mitmenschlicher Gemeinschaft und setzt sich in Widerspruch mit einer Grundtatsache des menschlichen Lebens.

Adler unterscheidet drei Hauptaufgaben, mit deren Erfüllung den Pflichten gegen die Gemeinschaft genügt wird. Jeder einzelne muß sich mit dem Problem des Berufs, der freundschaftlichen Beziehung zu seinen Mitmenschen und dem Geschlechtsproblem auseinandersetzen. Wer sich dem entziehen will, fängt sich unvermeidlich in „den Maschen einer Fiktion" (Adler), d. h. er muß das „Arrangement" (Adler) einer Neurose aufführen, die nichts anderes darstellt als ein individuelles System von Ausflüchten und Vorwänden, mit denen ein solipsistisches Leben mit Rechten für sich, aber ohne Pflichten gegen die andern gerechtfertigt werden soll.

Die Verpflichtungen gegenüber der Gemeinschaft sind nach Adler kein Gebot einer metaphysisch begründeten Ethik, sondern ein Gebot der psychischen Hygiene oder eine selbstverständliche Tatsache „des Lebens selbst", der man sich nicht entziehen kann. Es ist daher auch nicht möglich, den Menschen psychologisch zu verstehen und zu deuten, wenn er nicht in dieser wichtigen Beziehung zur Gemeinschaft begriffen wird. Einen Menschen verstehen, heißt ihn in seinen Zielsetzungen erfassen, sagt Adler. „Die Endabsicht des Erkrankten ist immer: den Aufgaben des Lebens, den sozialen, beruflichen, erotischen, auszuweichen, ihre Lösung auszuschalten[1])."

In der Neurose mischen sich also Egozentrizität und Mutlosigkeit. Nicht nur Neurosen, sondern auch Psychosen versucht Adler anzusehen als „Ausdrucksformen entmutigter Menschen". Die Gründe, die zur Entmutigung führen, leiten sich häufig schon von der Kindheit her, wo eine fehlerhafte Erziehung das Gefühl der Minderwertigkeit beim Kinde geradezu entwickelt. Manchmal fügt es ja schon die Stellung des Kindes innerhalb der Familie so, daß die Möglichkeit, sich immer als der Unterlegene zu fühlen, für das Kind besonders naheliegt. Wo ein Mädchen unter lauter Knaben aufwächst, ein Kind seine Eltern früh verliert und in lieblose Hände kommt oder ein Geschwister sich infolge seines Alters oder aus andern Gründen stets zurückgesetzt fühlt, ist diese Gefahr gegeben. Auch die Verzärtelung, mit

[1]) Adler, Neurose und Verbrechen, Ztschr. f. Individualpsychologie, III. Jahrg., Heft 1, zit. von Wexberg, Die individualpsychologische Behandlung, in Birnbaum, Die psychischen Heilmethoden, Georg Thieme, Leipzig 1927.

der das „einzige Kind“ oder der späte Nachzügler unselbständig gemacht werden, wirkt in diesem Sinne, sobald das Kind der häuslichen Umgebung entwächst. Auch die üblichen Auffassungen dessen, was „Begabung“ ist, sind oft geeignet, ein Kind von früh an zu entmutigen. Adler betont daher in radikaler Weise die Belanglosigkeit von sog. Begabungsunterschieden. Wie es überhaupt niemals wirklich zureichende Gründe zur Entmutigung geben kann, so kann es ein angeblicher Mangel an Begabung am allerwenigsten sein. Damit soll nicht gesagt sein, daß keine Unterschiede existieren, es soll aber der Akzent darauf gelegt werden, daß es in jedem Falle auf das Wollen mehr als auf das „Können“ ankommt. Gerade der Gedanke der Kompensierung zeigt deutlich, wieviel auf ein vom rechten Wollen diktiertes Training ankommt, während anderseits die Fälle von „Unbegabtheit“ meist nicht auf wirklichen Defekten beruhen, sondern ihre psychologischen Wurzeln haben, denen nachgeforscht werden muß. E. Wexberg führt z. B. den Fall einer Studentin der Medizin an, die seit ihrer Schulzeit im Rechnen versagte. Obwohl sie in höherer Mathematik in den oberen Schulklassen eine der Besten war, machte sie noch später beim Addieren und Multiplizieren die dümmsten Fehler. Der Grund war nicht, daß sie zum Rechnen „kein Talent“ hatte, sondern daß sie seit ihrer Kindheit in Fehde mit dem Vater lag, der Finanzmann war und gegen dessen Willen sie ein Brotstudium gewählt hatte, um auf sein Geld verzichten zu können.

Die Individualpsychologie betont daher die Wichtigkeit einer planmäßigen Erziehung. Der Erzieher muß alle jene Momente kennen, die im Sinne der Entmutigung wirken können, und muß versuchen, sie von Anfang an auszugleichen, bevor sie der Psychologie des heranwachsenden Menschen den Stempel aufgedrückt haben. So wird die individual-psychologische Pädagogik zugleich eine praktische Prophylaxe der Neurosen.

Da jede wirksame psychische Therapie stets nur insoweit hilfreich wirken kann, als sie eine Ermutigung zustande bringt, so wird die individualpsychologische Erkenntnis der Aufdeckung der „fiktiven Leitlinie" des Neurotikers, der aus dem Minderwertigkeitsgefühl hervorgehenden Machtschablone im Lebensplan, das direkte Mittel zur Beseitigung der krankmachenden Irrtümer und zur Freilegung des schon von Anfang an vorhandenen natürlichen Gemeinschaftsgefühls. Ausgehend von der Idee der zielgerichteten Einheit des Charakters — Adler spricht von einer „Lebensmelodie", die sich durch Geschick und Geschichte jedes Menschen verfolgen läßt — prüft sie schon die „erste Kindheitserinnerung" des Patienten auf das in ihr zutage tretende „größte gemeinschaftliche Maß". Hier schon muß dieser wichtige Faktor deutlich erkennbar sein, der im späteren Leben in der gleichen Intensität in allen möglichen Abwandlungen vorkommen wird, die in ihrer Gesamtheit von der fiktiven Leitlinie des neurotischen Lebens-„Arrangements" getragen sind. Hier liegen die wirklichen Ursachen der Neurosen! Denn die „Kausalität, die sich im Seelischen ergibt, liegt nicht in einem Verhältnis von Ursache und Wirkung" — wie es z. B. die Traumatheorie in ausgesprochener Weise angenommen hatte — sondern wir machen etwas zur Ursache und lassen ihm die Folgen folgen", sagt Adler mit Recht[1]). Weder erbliche Belastung noch seelische Traumen noch Milieuwirkungen sind für sich allein imstande, das Leben in eine Neurose zu drängen. Erst die persönliche Tendenz, die den äußeren Geschehnissen entgegenkommt, macht aus ihnen scheinbar determinierende Faktoren. Auch diejenigen Momente, aus denen Freud eine „sexuelle Ätiologie

[1]) l. c.

der Neurosen" herleiten wollte, nehmen in dieser Hinsicht keine Ausnahmestellung ein.

Dem behandelnden Arzt sind die individualpsychologischen Einsichten bestimmend für sein Verhalten zum Patienten. Wie in der Erziehung, so in der Behandlung wird jede Betonung der Autorität durchaus vermieden. Soll doch der Patient im Verhältnis zum Arzt zum ersten Male eine wirkliche Gemeinschaftsbeziehung erleben können. Die individualpsychologische Behandlung spielt sich daher schon äußerlich in der Form eines freundschaftlichen Gesprächs ab, um alles zu vermeiden, was den Arzt in eine Position rücken könnte, die Natürlichkeit und Vertraulichkeit entfernt. Der Arzt soll und will dem Patienten nur ein wohlwollender Helfer sein. Der Patient soll sich an der Hand des eigenen Materials, das er bringt, selbst von der Bedeutsamkeit — nicht von der Einzigkeit! — des individualpsychologischen Gesichtspunktes überzeugen lernen[1]).

Auch das Problem des Traumes wird unter diesem Gesichtspunkt behandelt. Ähnlich wie das neurotische Symptom wird der Traum verständlich dadurch, daß man sich ihn eingeschaltet denkt in die geheime Zielsetzung des Träumenden. „Das wichtigste Motiv der Traumbildung ist, daß der Träumer im Sinne seiner Persönlichkeit einen probeweisen Anschlag macht, einen Versuch anstellt, wie er sich zu einem bestimmten ihm vorliegenden Problem verhalten sollte ... Wir können im Traum dem Training des Patienten auf die Spur kommen[2])." Der Traum verrät „wie in einer Spiegelung Vorgänge und körperliche Attitüden, die auf späteres Handeln abzielen". Er zeigt meist sehr deutlich, in welchem Sinne der Patient seine Probleme zu lösen gewillt ist. Beim Neurotiker ist er eine Art von Training, durch das sich der Patient in seiner neurotischen Einstellung

[1]) Vgl. E. Wexberg, l. c. S. 314f.

[2]) Adler, Neurosenwahl und Training im Traum, Ztschr. f. Indiv. Psychol. 2. Jahrg., Heft 5; zit. bei Wexberg l. c.

bestätigt. Durch die Beschäftigung mit den Träumen während der Behandlung lernt er auch diese dem bewußten Wollen entzogenen Vorgänge der Seele als Bestandteile seiner Persönlichkeit kennen und sie in sein Verantwortungsbewußtsein aufnehmen.

Auf das Problem der Seele als solches bleibt die Adlersche Individualpsychologie zwar die Antwort schuldig. Dagegen hat sie mit der Herausarbeitung dessen, was sie mit „Mut" bzw. „Entmutigung" meint, in kluger Selbstbeschränkung ein praktisch ausgezeichnetes Reagens geschaffen, mit dem man die spezifisch neurotische Reaktion im seelischen Prozeß erkennen und eliminieren kann. Damit ist eine sichere Basis gewonnen und der Weg frei für die Probleme der Seele als solche, die zunächst von unbestimmt großen Anteilen neurotischer Provenienz so stark überlagert sind, daß auch für den Fachmann Problematik und Neurotik gern in eins verlaufen. Adler schließt sich überdies an das beste alter Weisheit an, wenn er lehrt, daß es darauf ankomme, den Mut zu haben, vom eigenen „Ich" loszukommen. Seiner Neurosenlehre scheint jene Erkenntnis zugrunde zu liegen, die bei Marcus (8, 35) so ausgedrückt ist: „... Wer sein Leben will behalten, der wird's verlieren; und wer sein Leben verlieret ...der wird's behalten." Sie mahnt auch an das Goethesche Wort: „Alles kann der Edle leisten, der versteht und rasch ergreift."

10. C. G. Jungs „Analytische Psychologie" [1]

Die psychische Dynamik ist bei Freud eine Folge des sexuellen Triebes, sein Energiebegriff identisch mit der Triebkraft der Sexualität. Wenn Freud von der Zukunft eine „chemische" Bestätigung seiner Psychologie erwartet, so wartet er auf eine Lösung

[1]) Heute zumeist (von Jung selbst) als „Komplexe Psychologie" bezeichnet. Womit auf die integrierende Komplexität ihrer Erkenntnisse hingewiesen werden soll. Die Bezeichnung hat also nichts mit den erwähnten „gefühlsbetonten Komplexen" des frühen Jung zu tun.

des psychophysischen Problems. An der logischen Unmöglichkeit, das Psychische aus dem Physischen hervorgehen zu lassen, kann aber keine Zukunft etwas ändern. Der logische Charakter des Freudismus wird bleiben, was er ist — der Versuch zu einem psychophysischen Parallelismus, bei dem das vereinigende Dritte nicht die Spinozistische Substanz, sondern der Trieb als eine Art Deus absconditus in testibus et ovariis den „Hintergrund" der Welt bildet, das „Unbewußte" ist. Der Einwand, daß Freud nur eine Triebpsychologie gewollt habe, ist nichtssagend angesichts der penetranten Färbekraft seines Triebbegriffs, der keine Kontur hält. Daß der spezielle Nachweis seiner Überfärbungen nie erbracht wurde und nicht leicht zu erbringen ist, liegt einzig an dem hohen Symbolcharakter des Sexuellen selbst — wo alles symbolisch ist, wie soll gerade das Sexuelle eine Ausnahme machen?!

Insofern man Neurosen beschreiben könnte als Zustände, in denen der Sinn des individuellen Lebens Problem wird, liegt es auf der Hand, daß die Freudsche Psychoanalyse nur dort paßt, wo der gesuchte Sinn in der Rückorientierung an die biologischen Funktionen enthalten ist. Daß er es sein kann, sagt indes nicht, daß er es sein muß.

Freud kennt aber keinen andern „Gegenstand", wie sein Begriff der „Sublimierung" beweist. „Sublimiertes" ist immer noch Sexus, sozusagen im luftförmigen Aggregatzustand, eine Sonderform der Verdrängung.

Jung lehnte schon 1913 den sexuellen Libidobegriff Freuds ab[1]). Libido hat bei Jung nur den Sinn von psychischer Energie und ist im übrigen qualitätsfrei. Die Dynamik ist deshalb weder ausschließlich noch von vornherein sexueller Natur. So ist es möglich, der Sexualität den gebührenden Platz in einer allgemeinen Theorie der Psyche anzuweisen, so wird

---

[1]) Vgl. C. G. Jung, Wandlungen und Symbole der Libido, 2. Auflage 1925, Deuticke, Leipzig und Wien, erscheint 1950 unter dem Titel: „Symbole der Wandlung" als neubearbeitete illustrierte Aufl. bei Rascher Verlag, Zürich.

auch eine vorurteilslose Beurteilung der Energieverteilung möglich; der „Sinn" der so und so stark „besetzten" Phänomene bleibt völlig offen. „Bewußtes" und „Unbewußtes" treten wieder in ein rein kompensatorisches Beziehungsverhältnis, wie es ähnlich in den klassischen Fällen von double conscience beschrieben wurde (vgl. z. B. Azams Fall Félida X, o. S. 19 f., oder Jungs Fall, S. 23 ff.). — Den Nachweis für die kompensierende Natur des Unbewußten in Einzelheiten zu bringen, erschwert der Umstand, daß die betreffenden Vorgänge fast immer von sehr individueller Natur sind; vgl. Jung, Allgemeine Gesichtspunkte zur Psychologie des Traumes, in „Über die Energetik der Seele", Rascher, Zürich [1]).

Im Gegensatz zu Freud und Adler, die beide ihren Theorien bereits spezielle Einstellungen zugrunde legen und praktisch deswegen zu Verallgemeinerungen genötigt sind, die den Charakter des Willkürlichen haben müssen, ist die Lage, von der Jung ausgeht, etwa folgende. Das letzte erkennbare Moment in der Psychologie ist, ähnlich wie in der Physik, der Begriff einer Kraft — „Libido" genannt —, aus der die Lebensbewegungen der Psyche fließen. Alle psychischen Vorgänge, „bewußte" und „unbewußte", sind in wechselnder Stärke Äußerungen dieser Kraft. Die Pole, zwischen denen sie strömt, sind das „Bewußte" und das „Unbewußte" — dies genommen als allgemeinstes psychologisches Gegensatzpaar. Wo das „Bewußte" an Libido verarmt oder unlebendig wird, ist das „Unbewußte" besonders angereichert damit, d. h. die autonome Phantasietätigkeit der Seele wird besonders lebhaft und besonders bedeutsam sein. — Als Libido faßt Jung somit eigentlich dasjenige, was Schopenhauer als Wille einerseits, als Vorstellung anderseits auf-

[1]) „Über psychische Energetik und das Wesen der Träume", Rascher, Zürich 1948.

geteilt hat; insofern diese, psychisch als „Bild" erscheinend, mit Dynamik geladen ist, was zusammen die Jungsche Libido ergibt.

Das „Unbewußte" ist der Mutterboden, aus dem alle Libido stammt. Auch in den eigentlichen Bildern des „Unbewußten", in denen also die Libido sich gleichsam unmittelbar selbst abbildet und Form gewinnt, stellt sie sich als Bild eines letzten großen Gegensatzpaares dar. Auf solchen inneren Bildern beruhen z. B. die dualistischen Spekulationen der Gnostik, ihren bildlichen Ausdruck finden wir in dem zweiteiligen Kreissymbol der Yang- und Yin-Konzeption der Chinesen, oder in der „Setzung des Firstbalkens" im I-Ging[1]), durch den, obwohl er selbst eins, die Zweiheit in die Welt kommt, womit des ferneren die Welt der Gegensätze überhaupt gesetzt ist. Bei Jacob Boehme („Viertzig Fragen von der Seelen Urstand...") findet sich z. B. eine Zeichnung, die ein solches Gegensatzpaar mystisch-kosmographischen Charakters darstellt. Daß auch heute noch dieses Erlebnisniveau in seinem vollen Bedeutungsgehalt erfahren wird, dafür sind die Zeichnungen oder Malereien „aus dem Unbewußten", die vielfach während analytischer Behandlungen angefertigt werden, ein Beispiel. Vgl. ferner das reiche Bildmaterial in: C. G. Jung, Psychologie und Alchemie, mit 270 Illustrationen, Rascher Verlag, Zürich 1944.

Auf dem Aquarell einer Patientin ragen beispielsweise zwei dunkle Halbkreise von rechts und links her in das Bild, zwischen sich einen Spalt lassend, der sich nach oben und unten, dem Kreisbogen entsprechend, erweitert. Die halbkreisähnlichen Gebilde stellen in primitiver Weise zwei Felsen dar, die etwa zur Hälfte aus dem Wasser ragen. Oben — nach der Seite des „Bewußten" — wie unten — nach der des „Unbewußten" — gehen sie weit auseinander. Eine Vereinigung, Überbrückung der „Spaltung des Bewußtseins" scheint unmöglich. Nur der Vogel,

[1]) J-Ging, das Buch der Wandlungen, verdeutscht und erläutert von Richard Wilhelm, bei Eugen Diederichs, Jena 1924.

der sich oben gegen den blauen Himmel abhebt, kann ihn überfliegen: also etwa die „Intuition" vermittelt zwischen beiden Seiten. Das vereinigende Symbol leuchtet aus dem „Unbewußten" hervor: tief unten im Wasser ein leuchtender Kreis mit dem Januskopf als Mitte. — Das Original ist mit sehr mangelhafter oder überhaupt ohne jede Technik gemalt. Es kommt für solche Zwecke auf technische Geschicklichkeit auch gar nicht an, sondern nur, daß man sich bemüht, den inneren Zustand, so wie man ihn fühlt, irgendwie zu fassen und wiederzugeben, gleichsam eine innere Selbstabbildung zu produzieren oder geschehen zu lassen (daher der Ausdruck „automatische Zeichnung" oder Zeichnung aus dem Unbewußten, „unbewußte Malerei"). Auf diese Weise entstehen häufig während der Behandlung fortlaufende Serien von Bildern, in denen die innere Entwicklung symbolisch gestaltet ist. Der Patient bemächtigt sich auf diese Art seines „Unbewußten": was vordem formlos und ungreifbar in ihm wirksam war, hat er in eine entsprechende, nicht äußerlich nachgeahmte, sondern innerlich gewachsene Form gebracht.

Welche Form, welchen Grad von „Bewußtheit" ein psychischer Vorgang immer haben mag — stets muß er seinerseits wieder „Unbewußtes" konstellieren, sich von einem relativ weniger bewußten Hintergrund abheben. Dafür ist die „Setzung des Firstbalkens" eine gute Illustrierung. Psychologisch ausgedrückt: wo Psychisches entsteht, hebt es sich ab von einem Hintergrund, den es durch sein bloßes Dasein postuliert. Die sich hierin andeutende universale Gespaltenheit der Libido ist zugleich der unvermeidbare Grund, weshalb jede auf „Spezielles" gegründete psychologische Theorie psychologisch bereits richtig und falsch zugleich sein muß. Man kann in der Psychologie eben bestenfalls immer nur mit halbem Recht sagen, das bedeutet dies oder das, und selbst wenn diese Bedeutung einmal probeweise angenommen wird, entsteht überdies sogleich die Frage, was jenes denn nun mitsamt dieser Erklärung sagen will. — Weder „Sexualität" noch

„Machtstreben“ können als Erklärungsprinzipien diese Relativität überwinden, d. h. sie sind im Hinblick auf eine allgemeine Theorie der Psyche in keiner Weise hervorragend „psychologisch“, weil nichts es überhaupt in hervorragendem, speziellem Maße sein kann. Denn, wie Laotse sagt: „Der Sinn, den man ersinnen kann, ist nicht der höchste Sinn.“ Diese Formulierung ist zugleich der kürzeste Ausdruck für das, was in der analytischen Psychologie Jungs unter dem „Unbewußten“ verstanden wird und unsere Stellung zum „Unbewußten“ kennzeichnet: durch einen gestaltenden Akt, einen Akt der Sinngebung werden die Dinge aus der Möglichkeit des „Unbewußten“ in die Wirklichkeit des „Bewußten“ übergeführt, aber aller *gestaltete* Sinn wird notwendig überragt und umfaßt vom „Sinn des Unbewußten“, dem alles Gestaltete entstammt und in das es wieder eingeht, wenn es im Laufe seiner Entwicklung vermöge seiner prinzipiellen Doppelnatur in seinen eigenen Gegensatz hineingelaufen ist (vgl. Enantiodromie, unten S. 115) und sich damit aufgehoben hat.

Das „Unbewußte“ als Begriff ist reine Negation. Es ist das, was eben nicht bewußt ist. Folgerichtigerweise ist es daher bei Jung weder sexuell noch in sonst einer Weise präjudiziert, sondern verhält sich seinem allgemeinsten Charakter nach rein kompensatorisch zum Bewußten. Definiert man Bewußtseinszugehörigkeit als das, was an den Ichkomplex assoziiert ist, so gehört alles, was nicht an ihn assoziiert ist, dem „Unbewußten“ an. Was alles kann das sein? Vergessenes, unterschwellig Wahrgenommenes, absichtlich Vergessenes (Freuds Verdrängtes) und eben erst Entstehendes, Psychisches in statu nascendi . . ., also Gewordenes und Werdendes! „Seele“ als „Werdendes“ ist immer unbewußt. Alles Unbewußte kann man zusammenfassen als das, was unserm gewohnheitsmäßigen Einstellungsschema entgeht oder entgangen ist oder davon ferngehalten wird. Dieses

Schema ist im allgemeinen bestimmt durch die Forderung einer Einpassung in die unmittelbare oder weitere Umgebung, in die der Mensch sich einfügen muß, soweit er Norm repräsentiert oder nach Norm strebt. Pathologische Fälle, für die eine solche Norm nicht existiert, haben aber gezeigt, daß der Psyche auch Inhalte zugänglich werden können, die ganz außerhalb des Rahmens liegen, der die Erwerbungen oder Erfahrungen der persönlichen Existenz umfaßt. Dieses uns in einem andern Sinne „Unbewußte", das den Niederschlag der Erfahrungen der Ahnenreihe enthält, nennt Jung das „kollektive Unbewußte".

Ein überzeugendes Beispiel des Bewußtwerdens solcher Inhalte bei einem Geisteskranken findet sich in Jungs Vortrag „Die Erdbedingtheit der Seele"[1]).

Jung sah den Patienten eines Tages am Fenster der Anstalt stehen und in die Sonne blinzeln. Dabei bewegte er den Kopf merkwürdig hin und her. „Er nahm mich sofort beim Arm und sagte, er wolle mir etwas zeigen, ich solle blinzeln und in die Sonne sehen, dann könne ich den Sonnenphallus sehen. Wenn ich den Kopf hin und her bewege, so bewege sich auch der Sonnenphallus, und das sei der Ursprung des Windes." Diese Beobachtung machte Jung etwa im Jahre 1906. Mehrere Jahre später fiel ihm eine Bearbeitung des sog. Pariser Zauberpapyrus von Dieterich in die Hände. Eine der dort enthaltenen Visionen lautet wörtlich so: „Ähnlicherweise wird sichtbar sein auch die sog. Röhre, der Ursprung des diensttuenden Windes. Denn du wirst von der Sonnenscheibe wie eine herabhängende Röhre sehen. Und gegen die westlichen Regionen, als ob es ein unendlicher Ostwind wäre. Wenn aber dem andern Winde nach den östlichen Regionen hin das Los zufällt, so wirst du in ähnlicher Weise die Wendung des Gesichtes dorthin sehen." Jung bemerkt l. c. ferner: „Die Vision meines Patienten vom Jahre 1906 und der erst 1910 edierte griechische Text dürften wohl genügend getrennt sein, so

---

[1]) In Hermann Keyserling, „Mensch und Erde", S. 95f., Reichl-Verlag, Darmstadt 1927. In etwas andrer Form unter dem Titel: „Seele und Erde" in C. G. Jung, „Seelenprobleme der Gegenwart", bei Rascher, Zürich, 1931; 3. Auflage 1946.

daß sogar die Vermutung einer Kryptomnesie[1]) seinerseits und einer Gedankenübertragung meinerseits ausgeschlossen ist."

Jung rechnet Phantasien dieser Art zu den Inhalten bzw. den Funktionsmöglichkeiten der Kollektivseele. Es handelt sich bei ihnen also nicht um „Unbewußtes der persönlichen Existenz" (in irgendeinem Sinne Vergessenes — nur in diesem Falle könnte man von Kryptomnesie sprechen), sondern um Funktionsprodukte des „kollektiven Unbewußten", d. h. einer dem Menschen überhaupt, unabhängig von Individualität, Erziehung, Rasse gegebene Möglichkeit des Erlebens. Dieser Funktionsmodus wird in der Schizophrenie (wörtlich: Spaltungsirresein) belebt. Es verhält sich aber keineswegs so, daß er nur in pathologischen Fällen zutage träte. Swedenborg z. B., der Visionen und Halluzinationen hatte, war deshalb nicht „krank". Man muß sich hüten, in der Psychologie das der Norm nicht Gemäße als krankhaft abzutun. Ebensowenig darf man „kompliziert" und „neurotisch" durcheinanderbringen. Derjenige Mensch, der seiner Probleme bewußt wird, kann einen sehr komplizierten Eindruck machen, ohne neurotisch zu sein. Wer seine Probleme noch gar nicht sieht, kann neurotisch sein und nach außen einen sehr einfachen Eindruck machen. Ja selbst jene (seltenen) Fälle latenter (abgeriegelter) Psychosen können nach außen unkompliziert wirken. Es scheint nötig, diese Verhältnisse wenigstens anzudeuten, denn in der Praxis der psychoanalytischen Psychologie ist auch heute noch gemeinhin viel Krankenzimmerluft. Das Wort „Patient" umfaßt aber hier gar vieles.

Unbearbeitete psychologische Probleme können nicht nur denjenigen neurotisch machen, den sie direkt angehen, sondern auch die Personen seiner Umgebung infizieren. Die in jenen Problemen auf-

---

[1]) Unter der Bewußtseinsschwelle wirkendes Gedächtnis.

gestaute Libidomenge fließt gleichsam auf die Personen der Umgebung ab. Auf diese Weise lebt in mancher Ehe die Frau die Neurose ihres Mannes oder der Mann die seiner Frau, Kinder die Konflikte ihrer Eltern usf. [vgl. dazu unser Beispiel auf S. 112f., sowie die Wirkung der Animusprojektion in Mary Hays „The Evil Vineyard"[1]) auf S. 143f.].

Wie man das Bewußtsein psychologisch als Anpassungssystem auf Gegenwärtiges werten kann, so hat das kollektive Unbewußte als eine allgemeine, zeitlose Form der Seele zu gelten. Seine Inhalte stehen in Beziehung zu den allgemeinsten Bedingungen des Lebens überhaupt, wie z. B. dem Sonnenlauf, Tag und Nacht, dem rhythmischen Gang der Gestirne, den menschlichen Trieben, und die Form, in der diese Erlebnisse sich abbilden, entspricht der mythischen und mystischen Stufe des Naturerlebens und -erleidens. Den Bildern der Kollektivseele eignet daher eine seltsame Phantastik, die dem nüchternen Verstand große Rätsel aufgeben kann, zumal wenn ihre Unverständlichkeit mit jener eigentümlichen Faszination kontrastiert, mit der sie auf das Bewußtsein wirken. Jung sagt einmal[2]), sein erstes, unmittelbares Gefühl während eines Erdbebens sei gewesen, auf der Haut eines riesigen Tieres zu stehen, das sich schüttele. Dies Beispiel läßt etwa nachfühlen, in welcher Weise das unmittelbare Affekterlebnis eines Naturvorgangs sich psychisch abbilden kann. Durch zahllose Wiederholungen typischer Eindrücke sind im Laufe der Zeiten die mythischen Kollektivbilder entstanden, die Archetypen, wie Jung die mythischen Motive, hinsichtlich ihres Erlebtwerdens nennt. Die Möglichkeit der Wiederbelebung des archaischen Erlebnistypus mag biologisch an die Vererbung der Hirnstruktur geknüpft sein oder mit ihr korrespondieren oder scheint der Ausdruck ewiger Gleichheit und Einheit alles Lebens.

[1]) Tauchnitz Edition.
[2]) l. c.

Die energetischen Grundbegriffe der Jungschen Theorie sind Progression und Regression, Extraversion u. Introversion, Libidoverlagerung und Symbolbildung.

Unter Progression versteht man die Vorwärtsbewegung der Energie, vermöge welcher gemeinhin die Anpassung an die Umwelt vollzogen wird. Diese freilich liegt im Begriff der Progression nicht, dürfte nur als Wirkung im allgemeinen aus ihr folgen, indem man den Zustand progredienter Energie beschreiben könnte als die Empfindung: „es geht voran", das Leben „ist in Fluß", es entsteht! ... nämlich u. a. auch „Anpassung". Der Anpassungsvorgang speziell erfolgt mittels einer gerichteten Einstellung, d. h. indem „Libido" immer wieder in derselben Richtung verwendet wird. „Eingestellt sein ist gleichbedeutend mit apriorischer Richtung auf Bestimmtes, gleichviel ob dieses Bestimmte vorgestellt ist oder nicht", sagt Jung in den „Psychologischen Typen" (S. 616).

Jedes Individuum ist psychologisch irgendwie „eingestellt". Indem jemand denselben Beruf, dieselbe Lebensanschauung, die gleiche Theorie verfolgt oder verficht, stellt er sich in bestimmter Weise ein, d. h. er wählt aus allen überhaupt möglichen Richtungen, die man gehen kann, eben diejenige aus, die er gehen will bzw. gehen muß, denn durchschnittlich wird die Richtung der Anpassungsleistung von der Not des Lebens bestimmt, die nur durch konsequente Arbeit in einer bestimmten Richtung zu überwinden ist.

Eine dauernd festgehaltene gerichtete Einstellung bedingt psychologisch anderseits eine einseitige Verwendung bestimmter Funktionen (s. d., S. 124 ff.). Den vielfältigen Bedingungen der Umwelt, ihren ständig wechselnden Verhältnissen kann natürlich eine einseitige psychische Leistung weder vollständig noch dauernd Genüge tun. Versagt bei veränderten äußeren oder inneren Ansprüchen eine zur Gewohnheit gewordene Einstellung, so hört die Libidoprogression auf. Dieser Vorgang kann besonders deswegen leicht eintreten, weil der Mensch meist dazu neigt, seine Anpassungsfunktion absolut zu nehmen bzw. sich mit ihr geradezu zu identifizieren. Er hält sie irrtümlicherweise für die einzig mögliche Einstellung.

Wo eine solche Identifizierung vorliegt, hält sich der Mensch z. B. für das, was er beruflich vorstellt oder was er als besonders entwickelte Anlage, Tätigkeit oder Vorliebe bei sich bemerkt. Man „ist" in diesem Sinne z. B. auch „sarkastisch" oder „endlich sicher über sich selbst", d. h. man ist auf einen bestimmten Charakterzug oder eine den Alltagsmaßen entsprechende Dynamik des Erlebens bezogen, die — auch wenn für lange Zeit hin keine ihr Maß überschreitenden Ansprüche an sie gestellt werden — dennoch allen Möglichkeiten des Lebens durchaus nicht zu entsprechen braucht. Dieses kann sich vielmehr jeden Augenblick in Hinsicht auf diese Einstellungen so verändern, daß der „Identifizierte" dann „in das Leben" nicht mehr hineinzupassen glaubt. Man denke z. B. an das Nachkriegsschicksal vieler Berufe.

Identifizierungen finden ihren Ausdruck häufig in dem Urteil, das jemand über Menschen oder Dinge einer andern geistigen Sphäre fällt. Der gewissenhafte Beamte, der den Künstler für eine Art Nichtstuer hält, der Naturwissenschaftler, der Gott für ein gasförmiges Wirbeltier erklärt oder Religion für eine Form der Infantilität, sind bestimmte Einstellungsphänomene, von denen aus gesehen die Kunst als Sache nicht erkannt wird bzw. Religion so aussieht wie das, was man in Altersheimen und Spitälern als Religiosität zu sehen bekommt oder Freud auftischt[1]).

Mit dem Aufhören der Progression setzt der Zustand der Libidostauung ein. Er ist charakterisiert durch ein Sinken des Lebensgefühls und ein

[1]) vgl. Sigm. Freud, „Die Zukunft einer Illusion".

Sichaufdrängen bestimmter Bewußtseinsinhalte unliebsamer und quälender Natur, wodurch der Mensch reizbar wird und zu Affektreaktionen neigt. Was man bisher mit Befriedigung, ja mit Liebe und Leidenschaft getan, ist plötzlich inhaltsleer und irritierend oder völlig sinnlos geworden. Je tiefgreifender derartige Umstellungen sind, desto kritischer sind sie. Es ist die Situation des Faust im 1. Akt, dem sein Studierzimmer zum „verfluchten dumpfen Mauerloch" geworden ist, dem es einziger Ausweg aus der Sinnlosigkeit seines Daseins („Soll ich vielleicht in tausend Büchern lesen, daß überall die Menschen sich gequält, daß hie und da ein Glücklicher gewesen?") dünkt, entschlossen „die Pforten aufzureißen, vor denen jeder gern vorüberschleicht". So hat z. B. auch Bismarck vor dem Selbstmord gestanden, bevor er die seinen Energien angemessene Form gefunden hatte.

Die autonome Gewalt, mit der sich solche Umstellungen vollziehen, erhellt anderseits besonders auch aus Fällen, in denen das wirkliche innere Geschehen auf das seltsamste mit jahrelang gehegten persönlichen Wünschen kontrastieren kann in dem Augenblick, wenn diese in Erfüllung gehen. Das Rentnerideal des „Sich-zur-Ruhe-Setzens", „seinen Neigungen leben wollen", wird oft mit einer fürchterlichen Neurose bezahlt, wenn's endlich so weit ist. Auf den überpersönlich tragischen Kern aller Wunscherfüllung deuten die Verse des Faust:

„Sie tritt hervor! und, leider schon geblendet,
Kehr' ich mich weg, vom Augenschmerz durchdrungen,
So ist es also, wenn ein sehnend Hoffen
Dem höchsten Wunsch sich traulich zugerungen,
Erfüllungspforten findet flügeloffen ..."

In dem „Flammenübermaß", das „nun aber aus jenen ewigen Gründen bricht", wird die Nichtigkeit persönlicher Wünsche offenbar und die Wandlung geschieht: „so daß wir wieder nach der Erde blicken." — „Sonne", „Feuer" sind bekanntlich sehr häufige Libidosymbole von höchster Eindringlichkeit[1]). — Bevor sich aber die Gegensätze zu der neuen Form zusammenschließen, bevor sich der Mensch der Realität, dem „Irdischen", neu geworden, wieder zuwenden kann, hat er den Zerfall der Gegensatzpaare, ja vielleicht seine völlige Zerspaltung in sich erlebt ... im äußersten Falle als Wille zum Leben und Wille zur Selbstvernichtung — ein Riß, den auch der vollzogene Selbstmord nicht zu schließen vermag; denn niemand kann sich völlig töten, er bringt stets nur dasjenige in sich um, was er nicht annehmen kann, und in diesem Kampfe fällt die eine Seite der andern zum Opfer — oder sei es, daß die Vergänglichkeit aller Dinge ihn zugleich lähmt in allem Tun und in ein hastiges Erraffen des Augenblicks zerreißt. Das gegensätzliche Prinzip, das vorher in der Progression äquilibrierend, ausgleichend und begrenzend mitwirkte, tritt in der Stauung als absoluter Gegensatz auf. Sein und Werden, Wollen und Nichtwollen entsprechen einander nicht mehr, es kommt zu einer ambivalenten Zwischenstellung, die sowohl das eine als auch das andere und keines von beiden tatsächlich ist. Der Intellekt richtet sich gegen das Gefühl, oder der Gegensatz von „innen" und „außen" wird so kraß, daß man sich auf das Innere zurückzieht und die Außenwelt als feindlich empfindet, oder aber vor seinen eigenen heimlichen Gedanken davonläuft und sich in rauschendes „Erleben" stürzt. Die Anpassungsforderungen an die Innenwelt widersprechen den Umweltsforderungen, Ja und Nein haben gleichen psychischen Wert erlangt und halten einander die Waage. Je länger der Zustand dauert, desto mehr reichern sich beide Parteien assoziativ an, der Konflikt wird

---

[1]) Vgl. C. G. Jung, Wandlungen und Symbole der Libido, 2. Aufl. 1925, Deuticke, Leipzig u. Wien, 3. Aufl. 1950 bei Rascher, Zürich, u. d. Titel: „Symbole der Wandlung".

akut, es tritt eine völlige Spaltung (Dissoziation) der Persönlichkeit ein.

Die klassische Darstellung einer dissoziierten Psyche ist Hamlet — vom 2. Akt an, nachdem er dem Geist seines Vaters begegnet ist. Bei Hamsun finden sich zahlreiche glänzende Beispiele — etwa in „Mysterien", wo fast alles, was der Held sagt, das Interferenzergebnis zweier oder mehrerer „Komplexe" ist, die aus ihm reden.

Wenn die Spaltung hinreichend tief geht (sich also nicht wie in den eben zitierten Beispielen in der Sphäre des Denkens und der Rede abspielt, während auf der physischen Ebene eigentlich nichts Entscheidendes sich ändert), kann es zu Erscheinungen kommen, wie sie als Fälle von „double conscience" beschrieben worden sind. Vgl. den oben S. 19 skizzierten Fall Azams und den von Jung S. 24 ff.

In der Literatur ist ein bekanntes Beispiel der Roman von Robert Louis Stevenson „Dr. Jekyll and Mr. Hyde", Tauchnitz-Edition. Es ist die Geschichte einer phantastischen Doppelexistenz. Der allgemein gekannte und geachtete Arzt und Wissenschaftler Jekyll führt als Mr. Hyde eine zweite Existenz. Dieser Hyde, nicht nur moralisch, sondern auch körperlich in allem ein Gegenstück von Jekyll — er ist klein und so häßlich, daß er Entsetzen erregt —, begeht allerhand Schandtaten und schließlich einen Mord. In seinem Schlußbericht sagt Jekyll über die Entwicklung dieses zweiten Ichs und das Verhältnis beider zueinander psychologisch interessante Einzelheiten. Von Natur gut veranlagt, sei anfänglich sein einziger Fehler eigentlich der einer ungestümen Fröhlichkeit gewesen, die ihm aber schlecht zu seinem Streben nach stolzem, würdevollem Auftreten passen wollte. Er verbarg daher jene harmlose Seite, weil sie sich mit seinem hochgespannten Ideal nicht vertrug. Das war der Anfang. So wurde ihm die Gegensätzlichkeit und doch Verbundenheit von Gut und Böse in der menschlichen Natur zum unlösbaren Problem. Es schien ihm der Fluch der Menschheit, daß beides offenbar unversöhnlich war, und er träumte davon, jedes der beiden Elemente in getrennten Bezirken der Seele zu personifizieren, um so das Leben überhaupt ertragbar zu machen. Als nach dem Genuß eines Geheimmittels, das sich Jekyll braut und trinkt, Hyde zum erstenmal erscheint, zeigt es sich, daß er kleiner und auch jugendlicher als Jekyll ist (vgl. Faust, 1. Akt), denn neun Zehntel von dessen Leben waren dem Streben nach Selbstkontrolle gewidmet, so daß die andere Seite entsprechend unentwickelt bleiben mußte. Es ist also ein Erneuerungsprozeß, der dadurch einsetzt, daß Hyde ins Leben tritt, und solange Jekyll imstande ist, durch den Genuß des Tranks Hyde in Jekyll auch wieder verschwinden zu machen, geht alles gut. Schließlich aber verläßt ihn diese Fähigkeit, die Veränderung tritt selbsttätig ein, Hyde hat sich gewissermaßen entwickelt, und als es Jekyll nicht gelingt, bei einer ungewollten Veränderung in Hyde neue Ingredienzen zu dem Getränk zu beschaffen — das Hilfsmittel des Intellekts versagt —, haben sich die Gegensätze etwas genähert, aber nicht vereinigt, und Jekyll muß untergehen. Erwähnt sei noch, weshalb Jekyll den Gedanken einer solchen körperlichen Veränderung überhaupt in den Bereich des Möglichen zog. Er sagt, er habe eingesehen, daß auch der Körper eine Manifestation der gleichen Kraft sei, die seinen Geist geschaffen, und das geheime Mittel habe auf jene Kraft eingewirkt.

Vgl. auch die Episode Fuchs-Penicke in Anton Mayers Roman „Peregrinus Windesprang“, Horen-Verlag 1926, im Kapitel „Zwienatur“; Faust — Mephisto, Don Quichote — Sancho Panso u. v. a. m.

Kommt der Konflikt nicht wie in obigen Beispielen auf der realen Ebene zum Austrag, sondern wird als psychologisches Problem behandelt, so werden durch die mit ihm einsetzende regressive Energiebewegung die Inhalte des Unbewußten belebt. In dem Maße, wie diese die Energie auf sich ziehen, werden die Gegensätze im Bewußtsein entwertet oder entspannt.

Als Beispiel für einen solchen Fall, der durch die Kritik des Intellekts aufs Psychologische beschränkt bleibt und wo die Ablösung des Bewußtseinskonflikts durch die Aktivierung der unbewußten Phantasietätigkeit geschieht, sei an den Fall erinnert, den Jung in „Die Beziehungen zwischen dem Ich und dem Unbewußten“[1]) behandelt. Die Patientin stand in dem Stadium, wo der Konflikt, der sie in die Be-

[1]) S. S. 13 ff. und 19 f.

handlung geführt hatte, in der Weise auf den Arzt übertragen worden war, daß ihr dieser als „Vater" und „Geliebter" zugleich die direkte Konfliktslösung repräsentiert hätte. Es handelte sich also um das Problem der Übertragungsablösung. Daß keine jener beiden Möglichkeiten hätte gelebt werden können, ist ohne weiteres klar, die Frage war aber, wie sich der tote Punkt würde überwinden lassen, an den man dadurch gelangt war. Stillstand des Lebens ist gleichbedeutend mit Neurose. Die Behandlung einfach abzubrechen, wäre natürlich auch keine Lösung gewesen. Die Absicht Jungs war, zu erfahren, „welche Wege die Natur einschlagen würde, um eine befriedigende Lösung des Übertragungsstillstandes herbeizuführen". Er schlug daher vor, die Träume, die „nichts anderes sind als eine Selbstabbildung des psychischen Lebensprozesses", sorgfältig zu beobachten. Sie kreisten nun dauernd um das Vater-Tochter-Verhältnis, der „Arzt-Vater" aber erschien bald von übernatürlicher Größe, bald uralt oder seltsam in die Natur verwoben. Die Träumerin dagegen war klein, der Vater wiegte sie wie ein Kind auf den Armen, während der Wind über die Weizenfelder strich. Die Träume setzten offenbar den „phantastischen Standpunkt gegenüber dem ‚gesunden Menschenverstand' durch", sie wollten aus der Person des Arztes einen Gott *schaffen*, das Unbewußte schien nach der Person zu greifen, in Wahrheit aber etwas Tieferes und Stärkeres zu meinen als Liebe zur menschlichen Person. Dieser dadurch entwickelte überpersönliche Richtpunkt ließ die Patientin über die konflikterzeugenden persönlichen Bindungen hinauswachsen. Jung spricht hier von einer „führenden Funktion" des Unbewußten. Es schien, als ob durch diesen Zufluß an Energie unmerklich das Bewußtsein aus den konfliktschaffenden Bindungen abgelöst würde. Die Patientin fand damit zugleich den Weg in eine neue und lebensmögliche Beziehung.

Solange die in solchen unbewußten Bildern sich ausdrückenden Beziehungen und Tendenzen noch mit der bewußten Haltung kontaminiert, d. h. ununterschieden von ihr sind, solange sie also nicht als solche zum Gegenstand der Bearbeitung werden, müssen sie unwillkürlich die Anpassungsvorgänge stören, und stehen deshalb auch immer zunächst unter einer vom Bewußtsein ausgehenden zweckmäßigen Hemmung. Solange die Hemmung wirkt, findet das Unbewußte nur indirekte Ausdrucksmöglichkeit. Hierher gehören jene Störungen des bewußten Ablaufs, die Freud als „Symptomhandlungen" beschrieben hat, die oben (S. 39 ff.) erwähnten Komplexmerkmale beim Assoziationsexperiment, sowie ganz allgemein alle „Symptome" in neurotischen Zuständen. Vgl. den S. 30 f. erwähnten Fall von Freud. Zahlreiche Beispiele von Symptomhandlungen in Freuds „Zur Psychopathologie des Alltagslebens".

Zweckmäßig ist die vom Bewußtsein ausgeübte Hemmung insofern, als die Wichtigkeit der Anpassungsleistung vor den primitiven und noch undifferenzierten, „konkretistischen" (d. h. untereinander zusammengewachsenen) Inhalten des Unbewußten geschützt werden soll. Insofern sie aber unabweisbar werden, setzen sie die Anpassungsforderung nach innen hin durch — „das Bewußte wird mit dem Problem der Seele konfrontiert", wie sich Jung ausdrückt. „Seele", das ist hier eben das Unbewußte, das sich Beachtung erzwingt.

Progression und Regression als individuelle Notwendigkeiten äußerer und innerer Anpassung stehen in Zusammenhang mit den Anforderungen der Individuation, d. h. jener Zusammenfassung der psychischen Funktionen, in der alle Teile der Seele ihren sinngemäßen Ausdruck finden. Energetisch betrachtet sind Progression und Regression Durchgangspunkte der Energieumwandlung, indem z. B. die in der Progression erworbene Anpassungsleistung das Mittel wird zur Regression, vermöge welcher sich die Innenwelt in der äußeren manifestiert — wie Jung sagt — und damit eine Progression veränderter Art wiederum einleitet. Das wird leicht begreiflich, wenn man sich erinnert, daß im Progressionsbegriff immer das Inhaltliche mitgedacht wird, an welchem sich der Progressionsvorgang vollzieht. Da jeder Inhalt bereits eine Begrenzung setzt, niemand aber ununterbrochen in einer Richtung allein fortschreiten kann, muß er notwendig auf andere Inhalte regredieren, d. h. sich psychisch anders (energetisch gegensätzlich) betätigen, worauf er aufs neue und gleichzeitig energetisch verändert sich der ersten Richtung wieder zuwenden wird. Der inhaltliche Charakter der Regression wird in der Progression schon vorbereitet (und umgekehrt) dadurch, daß die gerichtete Progressionsbewegung subjektiv ganz bestimmte Inhalte ausschaltet, die in der Regression dann auftreten.

Wie man sieht, korrespondiert dieser Dreitakt Progression — Regression — veränderte Progression mit dem Dreischritt des dialektischen Denkens: Position, Negation, neue Position usf. Die Regression ist eine Art „reculer pour mieux sauter".

Das psychische Erlebnis der Libido-Pro- und Regression hat sich seit uralters abgebildet. Im Walfischdrachenmythus[1]) symbolisiert die Nachtmeerfahrt bzw. die Bewältigung des Monstrums von innen her die Anpassungsleistung an die Bedingungen der Innenwelt. Das Ausschlüpfen mit Vogelhilfe — der Sonnenaufgang — ist der Wiederbeginn der Progression. Geht beim Patienten infolge der Libidostauung die Regression entsprechend tief, so werden die mythenbildenden Schichten des Unbewußten

---

[1]) Vgl. C G. Jung, Wandlungen und Symbole der Libido in 3. Aufl., 1950, unter dem Titel: „Symbole der Wandlung" und L. Frobenius, Das Zeitalter des Sonnengottes, 1904.

belebt, und er produziert Phantasien, die denen verwandt sind, die in den mythischen Bildungen der Völker anzutreffen sind.

Das Gott-Vater-Beispiel, oben S. 107 f., ist ein solches Motiv, das sich über die rein persönliche Sphäre hinaushebt. Alle „großen" Träume, die also nicht nur Material persönlicher Reminiszenzen verwenden, gehören hierher. Vgl. den Traum vom „weißen und schwarzen Magier", den Jung mitteilt. (Er behandelt im wesentlichen das Gegensatzproblem, das Motiv des Jüngers und der schwer zu erlangenden Kostbarkeit. — Jung, Analytische Psychologie und Erziehung, S. 70 ff.)[1]).

Es ist ohne weiteres deutlich, daß in solchen Fällen eine bloß psychopathologische Betrachtung unzureichend ist und zu schiefen Urteilen oder seelischer Verkrüppelung führt. Denn das Phänomen der Regression ist als solches eine allgemeine Erscheinung, nicht dem einzelnen zur Last zu legen. Sie ist an sich kein Rückschritt im Sinne einer Rückentwicklung oder Degeneration — es sei denn, der Mensch verbliebe in diesem Zustand —, sondern eine notwendig zu durchlaufende Phase, der freilich das Bewußtsein einer „Entwicklung" immer wieder völlig mangelt.

Entsprechen Progression und Regression gesetzmäßigen Formen der Energieumsetzung, so sind Extraversion und Introversion Dynamismen oder Richtungen der Progression wie der Regression. Die progrediente Lebensbewegung kann extravertiert sein, d. h. aufs äußere Objekt gehen, oder introvertiert, wenn sie aufs innere geht. Auch Regression kann nicht nur „Rückzug von der Außenwelt" — Introversion —, sondern auch extravagantes äußeres Erleben — Extraversion — sein. Es gibt nicht nur eine „Flucht in die Krankheit", sondern auch eine in die Welt. Man wird nicht nur neurotisch, um sich

[1]) Neu erschienen 1946 bei Rascher, Zürich u. d. Titel: „Psychologie und Erziehung", erweiterte Auflage, vgl. hier S. 96 ff.

vor Pflichten zu drücken, sondern man ist auch „überall dabei", um nur nicht mit sich selbst allein sein zu müssen — mag es sich um die sog. „Budenangst" des Studenten handeln oder um die mondäne Frau, die nach Geist des Mannes oder der Männer unersättlich ist und sich am Baum der Erkenntnis den Magen verdirbt.

Will man zu einer vorläufigen Erklärung dessen, was unter „äußerem" und „innerem" Objekt zu verstehen sei, an die alte Unterscheidung von „Körperwelt" — außen — und „seelischer Welt" — innen — denken, so darf nicht vergessen werden, daß von „Welt" die Rede ist und nicht nur von jenen seelischen Vorgängen, die ein einzelner gewohnheitsmäßig oder aus Unwissenheit für sein ihm nur eigenes „persönlichstes Innenleben" hält. Auch von diesem aus könnte er freilich zu jener Welt durchstoßen, die jedem innerlich gerichteten Menschen aufgehen kann — er würde dann jene Eigenart, die er vordem für persönlich so bedeutsam gehalten, in ganz anderm Lichte erblicken, vielleicht als recht unwichtigen Teil in jenem Ganzen, das uns allen gemeinsam ist. Nur der, welcher Innenwelt mit Ichwelt verwechselt, lebt in n e u r o t i s c h e r Introversion. Das tun allerdings viele Neurotiker, soweit es sich nicht um ausgesprochen hysterische Neurosenformen handelt, die „Extraversionsneurosen" sind. Wem die „Dinge der Welt" nicht nur als solche bewußt werden, sondern ebenso stark seine eigene subjektive Beziehung zu ihnen, erlebt auch das „Außen" in introvertierter Weise. Ein Geist wie Kepler, der sein System im Gegensatz zu dem ganz auf „Erfahrung" gestellten, extravertierten Tycho de Brahe ganz von innen heraus entwickelte und jeden Schritt vorwärts ängstlich bemüht war mit dem bereits gewußten oder geahnten Ganzen in Einklang zu halten, kann als Muster des introvertierten (Denk-) Typus gelten.

Als extremes Beispiel der hier gemeinten innerlich gefühlten Verantwortlichkeit für das Ganze könnte das Verhalten der Primitiven, beispielsweise der Pueblo gelten, die glauben, durch ihre Sonnenaufgangszeremonien ihren amerikanischen Brüdern das Licht des neuen Tages wiederzuschenken.

Jeder Mensch hat beide Einstellungsweisen. Damit ist nur gesagt, daß man, zwischen zwei Welten stehend, bald der einen und bald der andern sich wird zuwenden müssen, der Anlage oder den Anforderungen des Lebens entsprechend. Das gibt dem Verhalten des einzelnen das Gepräge und insofern kann man von „Extravertierten" und „Introvertierten" sprechen. Die Beurteilung ist nur deshalb oft nicht leicht, weil zur Kompensierung der Einseitigkeit, die der reine Typus darstellen müßte, Mischformen entstehen. Der Zweck der Einteilung ist aber auch gar nicht, den einzelnen Menschen in die eine oder andere Klasse zu stecken, sondern der, den doppelten Richtungssinn des psychischen Energieflusses zu charakterisieren, was als Grundlage zur Orientierung im vielverschlungenen Gewebe der psychischen Prozesse unerläßlich ist.

Es ist daher ein Mißverständnis, Introversion mehr oder minder mit Neurose gleichzusetzen. Begrifflich haben beide miteinander nicht das geringste zu tun[1]). Das „innere" Objekt kann ebenso Gegenstand reiner, nichtneurotischer Einstellung sein, wie Extraversion Ausdruck der Neurose. Es kommt nur darauf an, daß sich äußeres und inneres nicht unzulässigerweise überschneidet, was eben bei jeder Neurose der Fall ist — sei es, daß das, was nach innen gehört, außen liegt, oder anders.

Wer tagsüber sich mit allen Kräften bemüht, sich zu ermüden und dennoch ein Schlafmittel braucht, um seine „innere Stimme" zum Schweigen zu bringen oder seine

[1]) Dieses Mißverständnis begehen freilich Adler und Freud; vgl. z. B. Alfr. Adler, „Praxis und Theorie der Individualpsychologie", S. 8, bei Bergmann München.

Phantasiebilder nicht sehen zu müssen, wird wissen, was damit gemeint ist, daß „Inneres" nach „innen" und „Äußeres" nach „außen" gehört. Sein Gegenstück hat er in jenem, der Entscheidungen zu lange hinauszögert, in der Hoffnung, sie sich im Traum von den Göttern oder „morgen" von einer Änderung der Sachlage zuschieben zu lassen. Bei dem einen steht aus „inneren" Ursachen die Aktivität unter einem krankhaften Druck, beim andern ist sie so gering, daß er nur „aus dem Unbewußten heraus" lebt.

Eine ungenügende Trennung von „innen" und „außen" kommt dagegen nicht nur bei Neurosen, sondern auch in psychologischen Theorien vor, besonders in der alten „Traumatheorie", von der man sagen muß, daß sie den subjektiven Anteil, der doch das Entscheidende beim Zustandekommen eines „Traumas" ist, zugunsten des äußeren Ereignisses unterschlägt.

Daß introvertierte und extravertierte Einstellungen in neurotischen Fällen besonders in die Augen fallen können, ist nicht verwunderlich. Pathologische oder überhaupt abnormale Verhältnisse zeigen oft psychologische Charakteristika besonders ausgeprägt. — Die äußere Ungeschicklichkeit, die Introvertierten häufig eignet — sie können „nicht aus sich heraus", was oberflächlicher Beurteilung einen neurotischen Eindruck erwecken kann—, rührt vielmehr daher, daß dem Introvertierten die bloße Beherrschung eines Gebietes mittels nur e i n e r Funktion, also z. B. die intellektuelle, ganz unzulänglich erscheint — man könnte sagen, weil ihm stets das Leben als Ganzes in jeder Situation Problem bleibt. „Sich den eigentlich wirksamen Gehalt der Wissenschaften aneignen wollen, ohne einen adäquaten Fortschritt in der Lebensweisheit gemacht zu haben, ist so verkehrt, als wollte man Stiefel auf den bloßen Fuß anziehen", sagt Hugo v. Hofmannsthal.

Jungs 1913 erstmalig erschienenen „Wandlungen und Symbole der Libido" suchen die Analogien zwischen der Struktur der individuellen Psychologie und völkerkundlich-psychologischem und mythischem Material aufzuzeigen. Der dem Buch zugrunde liegende Gedanke läßt sich in Kürze vielleicht am besten aus folgender Stelle entnehmen: „Wir gewinnen ... die Einsicht, daß diese Heroen" — nämlich des religiösen Mythus; es ist von Dionysos und Christos die Rede — „sowie ihre typischen Schicksale Abbilder der menschlichen Libido und deren typischen Schicksals sind. Es sind imagines wie die Gestalten unserer nächtlichen Träume ... durch die wir die geheime psychologische Entwicklungsgeschichte des Individuums zu erraten vermögen[1]) ..." Das individuelle Schicksal bildet sich im Traum des einzelnen ab, wie sich im Mythus, im Menschheitstraum, das allgemeine Schicksal darstellt. Wie sich in jenem dieses, in diesem jenes wechselseitig erhellt führt Jung an der Hand des Phantasiematerials einer jungen Amerikanerin, Miß Frank Miller, aus, das diese unter dem Titel: „Quelques faits d'imagination créatrice subconsciente" in den Archives de psychologie (Herausgeber Th. Flournoy, V. Bd. 1906) publiziert hatte.

Miß Miller, eine außerordentlich suggestible junge Dame mit einer stets bereiten Fähigkeit zur Einfühlung und Identifikation, machte mit 20 Jahren eine größere Reise nach und in Europa. Während der Seereise überließ sie sich willig ihrer Träumerei. „Die Geschichten, Legenden und Mythen der verschiedenen Länder, die ich in der Ferne gesehen, kamen undeutlich zurück, in eine Art leuchtenden Nebels verschmolzen, in dem die Dinge ihre Realität verloren, während die Träume und Gedanken einzig den Anschein einer wirklichen Realität gewannen ... Dann tauchten" — in einem Traum — „langsam gewisse Worte auf, die sich zu drei Strophen ordneten, und zwar erschienen sie in meiner Handschrift ... auf einem Blatte meines alten Poesiealbums ... kurz, sie erschienen mir genau so, wie sie sich einige Minuten später wirklich in meinem Buche befanden." Das erste dieser Produkte ist ein „Schöpferhymnus". Jung zeigt sowohl die Beziehungen jener zu den aktuellen Motiven der persönlichen Psychologie der Verfasserin auf, als auch die Linien, die von da aus zu analogen Gestaltungen der Phantasie führen, wie sie auf der ganzen Erde verbreitet sind.

[1]) Vgl. l. c. S. 118.

Es ist hervorzuheben, daß der hier gewonnene Ansatzpunkt zur Trauminterpretation sich von dem Freudschen ebensosehr unterschied wie die Auffassung des Begriffes Libido bei beiden Autoren. Der Fachausdruck „Libido" bei Jung geht zurück auf die ursprüngliche Wortbedeutung. Bei Cicero[1]) wird Libido in Gegensatz zu Laetitia gestellt: diese definiert er als „Freude an gegenwärtigem Guten", Libido dagegen erstreckt sich auf Z u k ü n f t i g e s — und zwar mit dem Charakter einer lebendigen Fülle und Erlebnistiefe, die der ratio (Vernunft) als solcher allein niemals eignet. Gleichwohl kann jene sich natürlich auch am „Rationalen" entzünden oder das „Intellektuelle" leidenschaftlich ergreifen. Mit Libido wird die Intensität des Verhaltens bezeichnet. Zu jedem möglichen Objekt verhalte ich mich in irgendeiner Weise, ja zu meinem Verhalten selbst, wofern es mir Objekt wird. Denn nicht um Objektives selbst handelt es sich hier, sondern darum, daß Verhaltensweisen in ihrem Intensitätsgrad psychologisch charakterisiert werden sollen. Wozu ich mich einzig n i c h t verhalten kann, das bin ich selbst, d. h. jenes Subjekt, das niemals Objekt werden kann. (Vgl. Jungs Begriff des „Selbst" S. 137 — „... wir vermögen über Inhalte des Selbst nichts auszusagen. Das Ich ist der einzige Inhalt des Selbst, den wir kennen." — Die Beziehungen zwischen dem Ich und dem Unbewußten S. 207.)

Damit wird von einer andern Seite her deutlich, warum auch eine noch so „richtige" psychologische Theorie, insofern sie zu festgelegten Anschauungen verführt, nur ein Notbehelf ist. Kann sie doch auch bestenfalls nichts anderes leisten, als daß Leben w i r d, dadurch daß man Theorie in Praxis umsetzt. Wirklich lebendig wird Leben aber stets nur durch freie Entscheidung, nicht durch objektive Maximen irgendeiner Seinsinterpretation.

Was in Freuds Libidotheorie als „Wunsch" oder „Kinderwunsch" mehr oder minder psychopathologisch charakterisiert ist, erscheint bei Jung als psychisches Erlebnis jener Kraft, deren unerhörte Mannigfaltigkeit und Gewalt der Manifestation dem „W i l l e n" im Schopenhauerschen Sinne entspricht. Stützt sich Freuds psychologische Analyse also wesentlich auf persönliche Reaktionen in der Kinder-

[1]) Vgl. l. c. S. 119, Cicero, Tusculanarum quaestionum, lib. IV.

stube, die als typisch und als „causae" supponiert werden, so wurzelt Jungs Analyse in dem Grunde eines unpersönlichen, naturhaften Ablaufs des Geschehens, angeschaut unter den Bildern des Mythus, in denen der im energetischen Sinne ewig gleiche Strom des Lebens Gestalt gewonnen hat. Dieser Strom ist es, der Libido genannt wird; im persönlichen Erlebnis der Libido drängt das Einzelschicksal zur Vereinigung mit jenem. Durch „Analyse" wird vom Persönlichen her der Weg zu dieser Vereinigung gesucht, da in ihr diejenigen Kräfte lebendig werden, die das Individuum umschaffen zur psychischen Individualität (Individuation, s. S. 145 f., auch S. 14 der „Einführung"), in welcher persönliche und allgemein-menschliche Anteile zur individuellen Einheit gestaltet sind. Mittel zu diesem Ziel ist die Introversion, d. h. die bewußte Hingabe an das „innere Objekt", an die Phantasie. Der Introversion eignet auch dann nichts Krankhaftes, wenn sie inhaltlich mit Produkten koinzidiert, wie sie in der Psychose zutage treten. Der Unterschied zwischen normaler Introversion und dem zwangshaften Introversionszustand des Geisteskranken liegt in der Wirklichkeitsfunktion. Setzt der Kranke die Phantasien, die in geschichtlicher oder vorgeschichtlicher (?) Zeit einmal Wirklichkeit bedeuteten, an Stelle der heutigen Wirklichkeit, so wird dem Geistesgesunden die Frucht der Introversion zum Symbol.

Hier sei an einen Fall erinnert, der in Zürich passierte. Ein Jüngling, der die Entdeckung gemacht, daß sein Mädchen einen andern liebte, ging nachts in tiefer Verzweiflung auf die Limmatbrücke, um sich ins Wasser zu stürzen. Da wurde er der Sterne gewahr, die sich im Fluß spiegelten, und es war ihm, als wenn immer zwei und zwei, selig vereint, dahinzögen ... Andern Sinnes geworden, ließ er von seinem Vorhaben ab und suchte um 4 Uhr morgens — in die Sternwarte einzudringen, wobei ihn die Polizei ergriff.

In der Bedeutungsfülle des Symbols werden Wirklichkeitsbeziehungen einer andern als der „realen" Ordnung erfahren. Was in dieser Hinsicht die „Komplexe" anbetrifft, von denen wir ausgegangen sind (vgl. oben S. 40), so dient die symbolische Beziehungsverschiebung offenbar zur Auflösung der geschlossenen starren Einheit des Komplexes in das allgemeine Ganze des Denkens, in den Fluß des Lebens, dem das Mittel des Symbols erneutes Strömen ermöglicht. Nimmt der Irrsinn jene inneren Erfahrungen objektiv real, so pflegt sie der ungeniale common sense als baren Unsinn zu entwerten. Common sense hört da auf, wo eigene Erfahrung anfängt! Wenn man den „Komplex" ansehen will als Folgeerscheinung einer bestimmten „Realauffassung", unter der Seelisches komplexhaft erstarrt, so wird diesem Seelischen im Komplex von der andern Seite, von innen her Gerechtigkeit, wenn das symbolische Abbild seines Gehalts auf dem dunklen Hintergrunde des Bewußtseins erscheint. Eine Transponierung auf das Ewige, wie sie im zuletzt angeführten Beispiel die Fassungskraft des jungen Mannes sprengt, hätte einem leistungsfähigeren Kopf wieder ermöglicht, „zu bergen sich in jugendlichstem Schleier". Wird aber die „psychische Realität" der symbolisch sich darstellenden Beziehungsveränderungen nicht vorbehaltlos aufgenommen — wiewohl unbeschadet der Integrität des „objektiv Realen" —, so bleibt der Vorgang unverstanden, der psychologische Entwicklungsaugenblick geht ungenützt vorüber. Es ist eigentlich nichts anderes als die große Weisheit des „Loslassens", die bei der Transponierung erfahren wird.

Das Charakteristikum des primordialen unbewußten Zustandes der Psyche ist Ununterschiedenheit vom Objekt, ein Zustand, wie er für Primitive und Kinder kennzeichnend ist. Man denke an die heiligen Eichen der Germanen. Das religiöse Erlebnis war bei ihnen identisch mit den Bäumen, sie glaubten, die Welt müsse einstürzen, als die christlichen Missionare die Axt an die Eichen legten. Freilich ging eine Welt damit unter, aber äußerlich geschah nichts. Auf solchen Zuständen von Identität beruht auch die Möglichkeit der Suggestion (s. oben S. 21, 22 f., 45 und 74 f.), er ist der Sachverhalt im paranoischen Beziehungswahn, der eigene subjektive Inhalte im andern vermutet, weil seine subjektiven Inhalte die Wahrnehmung des Objektiven überlagern. Man sagt dann, sie sind ins Objekt „projiziert". Solche Projektionen deuten sich manchmal dadurch an, daß sich jemand gegen einen Vorwurf wehrt, den ihm niemand gemacht hat. Jung erwähnt den Fall eines geisteskranken Mädchens, das sich nicht ausreden ließ, daß man seine Unschuld verdächtige. Dieser Zustand ging schließlich in eine heftige Erotomanie über.

Lévy-Bruhl nennt den Zustand völliger Ununterschiedenheit vom Objekt, in der die Primitiven leben, „Participation mystique". Der Primitive ist z. B. in mystischer Weise eins mit dem Boden seiner Heimat: mag er hier noch so tapfer sein, der Mut verläßt ihn, sobald er fremdes Gebiet betritt. Tote Gegenstände sind so mit „Seelenkraft" geladen, daß von ihnen eine magische Wirkung ausgeht (Fetisch u. ä.). So sind etwa Pfeile „vergiftet", nicht in dem Sinne, wie wir es uns denken, sondern z. B. dadurch, daß man sie mit einer Spitze aus Menschenknochen versieht, wodurch sie Mana-Kraft gewinnen. Der Getroffene läßt den Pfeil oder einen Teil desselben, dessen er habhaft werden kann, an einem feuchten Ort aufheben und in frische Blätter hüllen, um dem Wundfieber zu begegnen. Alles Eindrucksvolle, Unerwartete, Auffallende, Wirksame hat einen „Zauber", gegen den man sich mit magischen Mitteln schützen muß, um ihm nicht zu verfallen. Das Individuum würde sonst zu sehr vom Objekt abhängig werden, seine Seele gleichsam ans Objekt verlieren.

„Seelenverlust" (Ganaverlust, Südamerika) ist dem Primitiven ein solches Aufgesaugtwerden vom Objekt. Psychologisch entspräche das dem Selbständigwerden eines unbewußten Zusammenhangs (Komplex), dessen man in völlig projizierter Form zum ersten Male gewahr wird. Solange die Projektion nicht rückgängig — d. h. die subjektiven Anteile am Zustandekommen der „zwingenden" Wirkung nicht als solche bewußt gemacht worden sind, wird das Individuum (scheinbar) vom Objekt in eine bestimmte Bewußtseinsrichtung genötigt. Entsprechendes kommt auch beim Kulturmenschen vor. Das „Übertragungsverhältnis" kann zuweilen diesen Charakter bekommen, wenn der Patient mit dem Arzt ringt wie Jakob mit dem Engel: „Ich lasse dich nicht, du segnest mich denn" — statt einzusehen, daß weder Heil noch Unheil seiner Seele endgültig an dessen Person gebunden sein kann.

Jung berichtet von einem 19jährigen Rekruten, der sich krank meldet und selbst die Diagnose, Nierenentzündung, nennt. Die Untersuchung ergab keine organische Krankheit, sondern eine Identifikation mit seinem Pflegevater, den der Patient sehr liebte. Der Pflegevater hatte ihm gerade brieflich mitgeteilt, daß er wegen seines Nierenleidens wieder zu Bett liegen müsse. Die Krankheit des Rekruten war leicht behoben durch die Einsicht, daß sie durch die Befürchtung, er werde den geliebten Pflegevater verlieren, verursacht war. Ähnliche Fälle sind nicht unbekannt. Es mag aber gerade in diesem Zusammenhange daran erinnert werden; zeigen sie doch in leicht einfühlbarer Weise einfache Grade eines „Hereinnehmens" eines Objekts und teilweises Einssein mit ihm. Es ist ein Stück der primitiven unbewußten Identität, in der die Kinder mit den Eltern leben. Junge Kinder können aus diesem Grunde die Konflikte ihrer Eltern übernehmen und daran leiden, als ob es ihre eignen wären[1]).

Jung schildert den Fall eines 9jährigen Mädchens[1]), dessen Eltern in unglücklicher Ehe lebten. Als der Konflikt

---

[1]) Vgl. C. G. Jung, Analytische Psychologie und Erziehung, Niels Kampmann Verlag, erweiterte Aufl. bei Rascher, Zürich 1946 u. d. Titel: „Psychologie und Erziehung".

der Eltern auf eine Lösung hindrängte, aber noch nichts entschieden war, erkrankte das Kind, wurde matt, appetitlos und hatte Untertemperatur, ohne daß der Arzt einen Grund für den Zustand finden konnte. Als die Eltern sich zur Trennung entschlossen hatten, die Situation also geklärt war und dem Kinde mitgeteilt wurde, daß es nun an zwei Orten zu Haus sein werde, zeigte sich — ganz entgegen der Erwartung der Mutter —, daß sich sein Zustand besserte. Aus den Träumen ging hervor, daß es von der Sorge gepeinigt worden war, der Vater werde fortgehen, und zwar zur Großmutter, die „ganz aus einem Mund" besteht. Das Kind hatte offenbar besonders die Libidosituation des Vaters in sich aufgenommen. Hat der Mann zu seiner Frau keine wirkliche Beziehung, so sucht seine Libido naturgemäß einen andern Weg: sie regrediert einerseits auf das Bild der Mutter — der geöffnete Mund legt das Verschlungenwerden nahe — anderseits infiziert sie unmittelbar die Tochter.

Die Beschwörungsriten der Primitiven sind Mittel gegen solchen drohenden „Seelenverlust". Sie wollen den übermächtigen Objekteinfluß auf seine Quelle, aufs eigene Innere zurückführen, sind also ein Anpassungsvorgang an die übermächtigen inneren Erlebnisse. Der Einfluß, der vom Objekt ausgeht, in dem der Gott erscheint, wird auf die Mächte der eigenen Seele transponiert. Dem Primitiven ist daher nichts wichtiger als die Riten, die, obwohl sie praktische Zwecke verfolgen, gleichwohl religiösen Charakter haben. Sie sind ihm sehr ernste Dinge, an denen er, je älter er wird, immer mehr Anteil nimmt, bis sie den weitaus größten Teil seiner Gedanken einnehmen[1]).

Die Riten der Reifeweihe bei den kalifornischen Indianern z. B. sind von dem Gedanken bestimmt, daß das Mädchen in einen kritischen Zustand eingetreten ist, der nicht nur für sie selbst, sondern auch für die Gemeinschaft eine latente Gefahr bildet. Um diese gefährlichen

---

[1]) Vgl. N. Soederblom, Das Werden des Gottesglaubens, Hinrichs'sche Buchhandlung, Leipzig 1926.

Kräfte zu bannen, werden Sprüche über ihr gesungen oder Tänzer bewegen sich nachts um sie herum[1]).

Der Primitive empfindet den „Verlust seiner Seele" wie eine schwere Krankheit. Er führt auch schwere körperliche Krankheit auf Seelenverlust zurück. Er kennt aber anderseits auch Besessenheit durch einen Geist als Krankheitsursache. Die Riten wollen nicht nur diesen bannen, sondern auch den Seelenvogel wieder in den Kranken zurücklocken[2]).

Erst wo „Bewußtsein" herrscht, ist Kontrolle und Beziehung zum Objekt möglich. Unbewußtheit ist Zwang unbewußten Einsseins mit ihm. Ist die (bewußte) Objektbeziehung hergestellt, d. h. der psychische Anteil auf ein der Sache und dem Zweck entsprechendes Maß herabgesetzt, so werden entsprechende Energieanteile frei, die vorher „unbewußt aufs Objekt projiziert" waren. Fallen sie nun wieder ans Unbewußte zurück, so regen sie erneute Aktivität dort an. Damit ist eine Nötigung zur „Introversion" gegeben. Bleibt dies unverstanden, so stehen die unbewußten Vorgänge unter einer Bewußtseinshemmung, es kommt zu jenen indirekten Äußerungen wie Symptomhandlungen oder Störungen des bewußten Ablaufs. Ein den Beschwörungsriten etwa äquivalenter Prozeß der Gestaltung innerer Bilder hätte hier einzusetzen (vgl. unser Beispiel oben S. 96 f. oder den S. 24 ff. beschriebenen Fall Jungs), solange bis er durch Gestaltung auf der nächsthöheren Ebene zum Abschluß gebracht wird.

In diesem Prozeß — als dem Schema des psychologischen Ablaufs — wird „Libido" aus der natürlichen in kulturliche Anwendung differenziert und „verlagert". Der Primitive benutzt, vielleicht ganz absichtsvoll, den „Analogiezauber" als Vehikel einer solchen L i b i d o v e r l a g e r u n g. Die Umständlich-

[1]) Vgl. R. Thurnwald, „Mädchenweihe", in Reallexikon der Vorgeschichte, Walter de Gruyter Verlag, Berlin.

[2]) Vgl. C. G. Jung, Über die Energetik der Seele u. a. psychol. Abhandl., den Aufsatz „Die psychologischen Grundlagen des Geisterglaubens". Jetzt „Über psychische Energetik und das Wesen der Träume", Rascher, Zürich 1948.

keit der dabei geübten Zeremonien beweist, wie ungeheuer schwierig ihm eine solche Ableitung aus dem natürlichen Strombett wird[1]). Soweit dem zivilisierten Menschen das der Wille zu leisten imstande ist, genügt ihm dasjenige Energiequantum, das bewußt disponibel ist. Genauere Betrachtung zeigt aber, wie häufig die Macht unbewußter Libidopositionen durch den „Willen" direkt nicht zu brechen ist. In dieser Lage befindet sich der Primitive, der sich diesen Dingen naiv oder „fromm" unterordnet und so ihren Sinn erfaßt.

Bei introvertierter Einstellung liegt der Hauptakzent des Erlebens auf den inneren Bildern. Introvertierte und extravertierte Einstellung wechseln in dem Maße, wie progressive und regressive Libidobewegung im Einzelfall vom Individuum ertragen werden. Ist eine Bewegung an ihrer äußersten Stelle angekommen, so setzt die Gegenbewegung ein, entsprechend dem Gesetz der Enantiodromie (Heraklit), des Entgegenlaufens. Psychologisch betrachtet ist der Prozeß der Enantiodromie Mittel zur Entwicklung der Individualität. Solange einseitige Einstellungen vorhanden sind, läuft die Bewegung in ihr Gegenteil, denn einseitige Einstellungen sind nicht individuell, sondern typisch, insofern sie kollektive Reaktionen auf kollektive Anlässe darstellen, d. h. einem willkürlichen Ausschnitt aus der Kollektivpsyche entsprechen. Das individuelle Moment ist dann nur unbewußt vorhanden, es fehlt in der Einstellung (vgl. dazu das unten S. 138 f. über Persona- und Animaidentifizierung Gesagte). Den spezifischen Prozeß, der mit der Vollendung des Typus einsetzt, nennt Jung transzendente Funktion (s. S. 133).

---

[1]) Die Frühlingszeremonie der Watschandis: sie graben ein Loch in den Boden von länglicher Form und umstecken es mit Buschwerk... dieses Loch umtanzen sie, die Speere vor sich haltend und sie in die Grube stoßend, wobei sie rufen: non fossa, sed cunnus! Kein Teilnehmer darf während der Zeremonie eine Frau anblicken; bei Jung, l. c. S. 71f.: auch das „Brautlager auf dem Acker".

Bevor wir diesen Prozeß näher beschreiben, wenden wir uns dem Jungschen Strukturschema der Seele zu. Jung unterscheidet vier psychische Grundfunktionen, die sich prinzipiell unähnlich sind und vier Aspekten psychologischen Welterlebens entsprechen. Es sind Denken, Fühlen, Empfinden und Intuieren.

Unter Empfindungsfunktion ist zunächst das psychische Elementarphänomen der Sinnesempfindung zu verstehen, die uns die Wahrnehmung des schlechthin „Gegebenen" vermittelt, z. B. der uns umgebenden Gegenstände auf Grund von Gesichts- usw. Empfindungen. Insofern sie als rein wahrnehmend nicht von rationalen Gesichtspunkten geleitet ist, nennt Jung sie eine irrationale Funktion. — Empfindung ist hier zu unterscheiden von Gefühl, obwohl es im Deutschen oft synonym gebraucht wird. Das psychische Ergebnis empfindender Wahrnehmung hat zwar immer einen Gefühlston; die von den Sinnesorganen gelieferten Daten sind mit Gefühl, Gedanken und Vorstellungen verquickt. Sie stellen also einen ganzen Komplex dar, an dessen Zustandekommen alle Funktionen beteiligt sind und aus dem sich die Empfindung nur theoretisch ablösen läßt.

Trägt jedoch die Empfindungskomponente den Akzent im psychischen Erleben eines Menschen, so daß seine Gesamteinstellung nach ihr tendiert, so gehört er dem Empfindungstypus an. Der psychologische Charakter eines solchen ergibt sich aus dem Charakter der Funktion. Das „schlechthin Gegebene" ist das „Reale" — die im gegenwärtigen Augenblick unmittelbar empfundene Lage, das So-Sein als (irrationale) Tatsache, die überzeugend da ist, das Jetzt und Hier der Welt liegt dem Empfindungstypus psychologisch zunächst. Jung nennt Empfindungen daher auch „bewußte Perzeption" und stellt sie zur Intuition als der „unbewußten Wahrnehmungsfunktion" in Gegensatz.

Er unterscheidet ferner von der „konkreten" Empfindung die „abstrakte", als welche, wie jede Abstraktion, ein Differenzierungsprodukt ist; damit ist gemeint, daß sie infolge höherer Bewußtheit vom Willen entsprechend kontrolliert wird. „Abstrakte" Empfindung meint also rationale (willentliche) Verwendungsmöglichkeit der an sich irrationalen Funktion. Sie eignet z. B. dem Künstler als Wahrnehmungsmedium „ästhetischer" Erkenntnis, insofern „konkret Empfundenes", d. h. die Lebenswirklichkeit, im Kunstwerk von persönlichen Empfindungsmomenten zugleich abgelöst und reproduzierbar wird (Wagners Wesendonck-Erlebnis und Tristan und Isolde; Cézanne: ein „sensitif de colorations"). Die „konkrete" Empfindung überwiegt beim Primitiven und beim Kinde, nicht sowohl im Verhältnis zur Intuition, die stark sein kann, als gegenüber dem Denken und Fühlen. Die „normale Stärke" der Empfindung entspricht einem auf den gegebenen physischen Reiz schätzungsweise zu erwartenden Maß. Bleibt sie darunter oder geht sie darüber hinaus, so ist sie gehemmt durch das Vorwiegen oder übertrieben durch abnormales Verschmolzensein mit einer andern Funktion. Die Übertreibung geht aufs Normale zurück, wenn die betreffende Funktion für sich heraus differenziert wird. Beispiele für ein solches Verschmolzensein bietet besonders die Neurosenpsychologie.

Als Ur-Typus dessen, was Jung unter „Empfindungs-Typ" versteht, könnte der Philosoph Auguste Comte (1798—1857) gelten, dessen „Positivismus" übrigens unerkannt in der heutigen Psychotherapie spukt, und zwar in allen theoretisch voneinander doch so verschiedenen „Schulen"; welche sich in dieser Hinsicht in praxi manchmal nur dadurch unterscheiden, wie sie Comtesche Melodien anstimmen. Denn die therapeutische Praxis, als das „hic Rhodus" jeder psychologischen Theorie, ist ja als solche der „Empfindungs"-Bereich des seelischen Problems, das Temenos, die „Erde", — während man den Neurotiker beschreiben könnte als einen, der diesem Bereich entkommen möchte, ohne sich näher darauf eingelassen zu haben, oder aber sich so eingerichtet hat, als ob er hier allein wäre. Die „Erde" verführt eben zu uralten Mißverständnissen archetypischen Charakters — nicht nur den Neurotiker, sondern auch den Arzt. So taucht die (Jungsche) „Empfindung", im Comteschen Sinne, bei allen auf Freud basierenden Lehren als Sexus, bei Adler als Problem des sozialen Zusammenlebens auf, während sie bei Jung als ein Faktor unter vier anderen gesehen ist, welcher im Rahmen der vier „psychischen Grundfunktionen" eben die etwas mißverständliche Bezeichnung „Empfindung" führt, sich aber in anderen Quaternitäten unter jeweils anderen Namen immer wieder findet. Dies ist für ein wirkliches Verständnis der Jungschen Psychologie von entscheidender Wichtigkeit. Der Grund für dies Verhältnis liegt darin, daß Jung unter dem Bilde der „vier psychischen Grundfunktionen" zum ersten Mal die Quaternität, das sog. Mandala (von dem weiter unten noch die Rede sein wird), berührt hat, welches unter den Archetypen gewissermaßen als ‚archetypus archetyporum' zu gelten hat, insofern es ewig wiederkehrendes Motiv der „Ganzheit" ist, welche einerseits den Mittelpunkt, die Quintessenz (quinta essentia, alchemisch) oder das „Selbst" (Jung) konstelliert und aus der anderseits die Trinität hervorgeht, welche die erdsymbolische Vier — nicht illegitimerweise wie der Neurotiker, sondern legitim — überwindet. Welches Verhältnis daher schon im Vedahymnus seinen unübertroffenen Ausdruck gefunden hat, wo es heißt: „Der verkörperte Geist, welcher tausend Häupter, tausend Augen, tausend Füße hat, wurzelt in der Menschenbrust und durchdringt zugleich die ganze Erde. Dieses Wesen ist die Welt und Alles, was je war und sein wird. Es ist das, was durch die Nahrung wächst, und das, was Unsterblichkeit verleihet. Dieses ist seine Größe: und darum ist es der allerherrlichste verkörperte Geist. Die Bestandteile dieser Welt machen Einen Teil seines Wesens aus, und drei Teile sind Unsterblichkeit im Himmel. Diese drei Teile haben sich aus der Welt emporgehoben; aber der Eine Teil ist zurückgeblieben und ist das, was (durch die Seelenwanderung) die Früchte guter und böser Taten genießt und nicht genießt" [1]).

Erweitert man dagegen das in der „Empfindungs-Funktion" liegende Motiv in concreto, so gelangt man zum Materialismus, der, seinerseits psychologisch genommen, den Mater-ialisten als Kind der ‚mater' aufzeigt (mater = Mutter), als einen erst Halberwachsenen, in dessen dumpfe und zügellose Kinderstube ein drakonisch herrschender Vater gewaltsam Ordnung bringen muß (welches Motiv bei Freud als „Kastration" auftaucht). Der Gegensatz zum Christentum, das den „liebenden Vater im Himmel" (also nicht im „Empfindungs"-Bereich, sondern in der Seele!) konzipiert hat, ergibt sich aus dieser Sachlage mit archetypischer Notwendigkeit. So liegt in der Problematik der „Empfindungs"-Funktion schließlich die Alternative Altes oder Neues Testament — jenes den Rache-Gott, dieses den Gott der Liebe lehrend. Beides wurzelt „in der Menschenbrust", wie der Vedahymnus sagt, weshalb die Psychologie, ob sie will oder nicht, bereits bei ihren nüchternsten Aussagen sich im Herzen der Welt bewegt, wo sich Licht und Finsternis (Geist oder Materie) treffen und die Frage entsteht, welcher Weg einzuschlagen ist. Weshalb Schopenhauer

[1]) cit. nach Schopenhauer, Parerga und Paralipomena II, Kap. 8 (Sperrung vom Verf.).

zurecht sagt: „Rationale Psychologie oder Seelenlehre gibt es nicht ... Das Wesen an sich des Menschen kann nur im Verein mit dem Wesen an sich aller Dinge, also der Welt, verstanden werden. Daher läßt schon Platon im „Phädrus" den Sokrates im verneinenden Sinn die Frage tun: „Glaubst du nun, daß es möglich sei, die Natur der Seele vernunftgemäß zu begreifen ohne die Natur des Ganzen?"[1]).

So zeigt uns die Psychologie beispielsweise — und enthebt uns damit der Sphäre dumpfer Parteinahme — weshalb dem Materialismus (der, an die ‚mater' gekettet, dem ‚pater' frohndet) zumeist in gegnerischer Absicht entgegengehalten wird, daß er jüdischer Eigenart gemäß sei und vorzugsweise von Juden vertreten werde. Erst die jüngste Zeit bietet das Schauspiel materialistischer Lehren, die zugleich judenfeindlich sind, was so zustande kommt, daß in ihnen auch das Christentum bekämpft wird, als historisch aus dem Judentum hervorgehend. Auf archetypischer Grundlage gesehen ein tragischer Irrtum über die Unerbittlichkeit der seelischen Voraussetzungen, die den Menschen zwingen, außen zu bekämpfen, was er selber innen ist, um auch außen das zu werden, was er haßt und am Haß zugrunde zu gehen.

Auch die Intuition bezeichnet Jung als psychologische Grundfunktion. Intueri heißt anschauen. Ihr Wahrnehmungsergebnis beruht auf unbewußter Kombination unbewußter Zusammenhänge bzw. auf direkten, aber oft doch unterschwellig bleibenden Wahrnehmungen des „Unbewußten". Sie ist die eigentliche „Traumfunktion". Wieweit ihre Möglichkeiten reichen, ist auch heute ein ungelöstes psychisches Problem. Die Möglichkeit des „Hellsehens" gehört offenbar hierher. Ungewiß bleibt, wieweit auch „Fernsehen" — Swedenborg „sah" bekanntlich im Jahre 1756 den Brand von Stockholm in dem

[1]) l. c. Kap. I.

50 Meilen entfernten Gothenburg — als Intuitionen angesprochen werden dürfen, inwieweit sie zustande kommen durch unterschwellig bleibendes Gedanken- und Gefühlsmaterial, das sich als fertiges Ganzes plötzlich wie eine „Schau" oder „Offenbarung" dem Bewußtsein präsentiert. Inzwischen beruht auf solchen unbewußt gebliebenen Tatbeständen offenbar die Gewißheit, mit der Intuitionen erlebt werden, ob es sich nun um äußere Vorgänge oder innere Dinge handelt. Für diese mag die „Urpflanze" Goethes ein Beispiel sein; denn sie war „Anschauung", wie Goethe Schiller gegenüber betonte, der sie für eine „Idee" ansprach.

Auch die Intuition erfaßt „schlechthin Gegebenes", sie ist eine irrationale Funktion. Der introvertierten Intuition werden besonders die kollektiven Bilder, die „Dominanten" des Unbewußten (Jung) zugänglich. Das Gott-Vater-Bild in dem oben S. 107 f. zitierten Beispiel gehört hierher, der Teufel, der Heiland, der ewige Jude, das grüne Gesicht (vgl. den gleichnamigen Roman von Gustav Meyrink), Faust, Siegfried der Held, usw. Tritt in abnormen Fällen eine Verschmelzung solcher urtümlicher Bilder mit der persönlichen Psychologie ein, so kann das Individuum äußerst rätselhaft und schwer verständlich werden. Erinnern wir uns an den Jüngling, der in die Sternwarte eindringen will (oben S. 117). Der Kantonspolizist, der ihn in früher Morgenstunde verhaftete, wird nichts anderes von ihm begriffen haben, als daß er ins Burghölzli[1]) muß. Psychologische Analyse heißt in solchen Fällen eben: Bewußtmachung der hier zugrunde liegenden Bilder, in die der Betreffende gleichsam „hineingefallen" ist. — Der intuitive Typus bleibt überdies aber auch in seinen alltäglichen Motivationen für andere, nicht-intuitive (also nicht eigentlich psychologisch per-

[1]) Die Züricher Irrenanstalt.

zipierende) Personen ein schwer lösbares Rätsel. Er gilt vielfach für „verschlossen", wie offenherzig er gleichwohl sein mag.

Jung nennt Empfindung und Intuition die „Mutterstätte, von der aus sich Denken und Fühlen als rationale Funktionen entwickeln".

Die Denkfunktion ordnet das psychische Material nach zweckmäßigen oder vernünftigen (logischen) Gesichtspunkten. „Denken ist eine Willenstätigkeit, welche dem Vorstellungsablauf eine eigene Richtung gibt, ihn hemmt, gliedert usw."[1]). Jung unterscheidet zwischen aktivem gerichtetem Denken und dem Phantasieren oder passivem Denken, das er in seinem „Psychologische Typen" als „intuitives Denken" oder „intellektuelle Intuition" bezeichnet. Denken kann auch vom Fühlen geleitet sein — „gefühlsmäßiges Denken" —, wenn es nicht logischen Prinzipien folgt, sondern im Dienst von Gefühlsabsichten steht.

Die Fühlfunktion steht im Gegensatz zum Denken, insofern ihr Urteilsprinzip aus rein subjektiven Quellen stammt und die Stellungnahme des Individuums zu Menschen und Dingen positiv oder negativ, zustimmend oder ablehnend beeinflußt.

Das „passive", nicht-gerichtete Fühlen oder die „Gefühlsintuition" stellt Gefühlsbewertungen her ohne oder gegen die Absicht des Subjekts. Fühlen gesellt sich jedem psychischen Vorgang in mäßigem Grade als Gefühlston bei, der mit steigender Intensität den Charakter des Affekts (Emotion) bekommt, als welcher ein mit Empfindungselementen (Körperinnervationen) durchsetzter Gefühlszustand ist. Der psychische Rapport (Kontakt), der sich zwischen dem Arzt und dem Patienten einstellt und vor allem in der psychiatrischen Diagnostik wichtig und Vorbedingung der „Übertragung" ist, kann als Ausdruck

---

[1]) Vgl. Eislers Handwörterbuch der Philosophie.

der Fühlfunktion gelten. Das Fühlen ergibt eine Objektbeziehung dynamischer Qualität. In differenzierter Form stellt es eine allgemeine Gefühlslage oder Stimmung her. Ist das Individuum vorwiegend von dieser Funktion geleitet, so gehört es dem „Fühltypus“ an.

Jede der vier Funktionstypen kann in extravertierter und introvertierter Form vorkommen.

Ordnet man die Funktionen unter Berücksichtigung ihrer gegensätzlichen Zuordnung auf einem Kreis an, so ergibt sich folgende Figur:

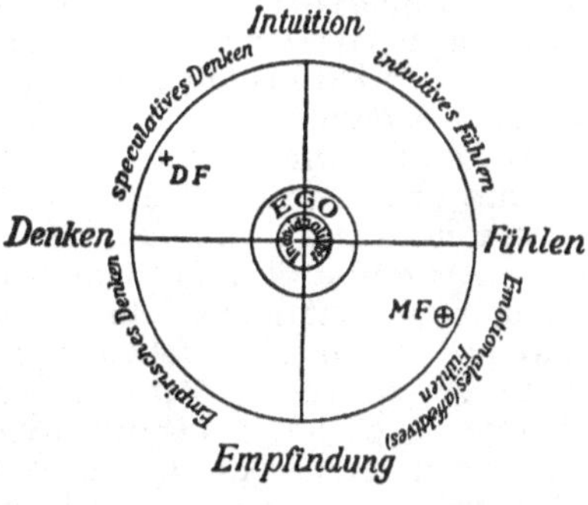

Der Radius des Kreises entspricht einer bestimmten geistigen Weite, die allererst das Auseinandertreten, die Sonderung der einzelnen Funktionen hinreichend ermöglicht. Die primitive Psyche würde durch einen Kreis von kleinerem Radius veranschaulicht, auf dessen Umfang die Funktionen ineinanderfließen und ununterscheidbar werden. Das entspräche der Mentalität, die Thurnwald in seiner Widerlegung der Freudschen Tabuauffassung[1]) folgendermaßen charakterisiert: „Die Verbote haben bei den

[1]) R. Thurnwald, Ethnologie und Psychoanalyse, S. 132, in Krisis der Psychoanalyse, herausg. von H. Prinzhorn.

Naturvölkern transzendenten Charakter wegen der Enge ihres Weltbildes, in dem alle Ordnungen ohne entsprechende Plastik und Staffelung verschwimmen. Darum bringt das Übertreten von Schranken jeder Art in ihren Augen eine Gefährdung der gesamten Welt- und Lebensordnung mit sich". In der primitiven psychologischen Verbundenheit mit dem Objekt (Participation mystique) steht jeder Erlebnismoment mit dem Ganzen der (ununterschiedenen Außen- und Innen-) Welt in unmittelbarer Verflochtenheit.

Demjenigen Punkte des Kreises, der die höchstentwickelte Funktion bezeichnen würde — in der Figur z. B. dF. — differenzierte Funktion —, liegt gegenüber die minderwertige Funktion. Darunter ist die im Verhältnis zur meistbegünstigten am wenigsten entwickelte zu verstehen. (Vgl. z. B. die Personifizierung der m. F. in Mr. Hyde, oben S. 106 f., des „häßlichsten Menschen" in Nietzsches Zarathustra usf.) Das „Tailorsystem" des modernen Kulturlebens gestattet kaum jemals eine hinreichend harmonische Betätigung aller Funktionen, da fast alle Menschen einseitig leben müssen. Das wird oft Anlaß zu schweren Disharmonien. Wird der minderwertigen Funktion beständig zuviel Libido entzogen, d. h. darf sie kaum oder gar nicht mitleben, so verfällt sie dem Unbewußten und damit der Regression. Dann werden Schichten des Unbewußten belebt, die die Kollektivbilder enthalten. Wir haben bereits gesehen, wie sehr eine Zusammenkoppelung der Individualpsyche mit dem kollektiven Unbewußten das psychische Gleichgewicht gefährden kann. Es ist aber zwecklos, solche Kollektivideen mit kausalen Erklärungen auf Persönliches reduzieren zu wollen. Der normale und, wie man wohl sagen darf, naturgewollte Ausgang wird nicht durch Extrahierung der in jenen etwa vorhandenen Reminiszenzbestandteile oder Triebvorgänge vorbereitet, sondern durch eine spezifische Auseinandersetzung mit dem Unbewußten, die Jung als transzendente Funktion bezeichnet. Vorbedingung für diese ist, daß man das Unbewußte ungehindert und sozusagen absichtslos reden läßt, daß man's nicht schon im vorhinein besser weiß aus übelangebrachter theoretischer Sicherheit. Nur so kann der natürliche Ablauf der Dinge einen wirklichen Ausgleich, die neue Mitte zwischen den Gegensätzen herstellen.

Diese kommt also zustande dadurch, daß die Gegensätze zunächst erst einmal reinlich auseinandertreten, indem das Ich eine völlige Spaltung (in psychisches Ich und Nicht-Ich z. B.) erlebt und anerkennt. Im Vorgang der „Transzendenz" (= über die Gegensätze hinausgehend; „Funktion" ist notabene hier nicht zu verwechseln mit einer der vier Grundfunktionen!) wird ein Funktionskomplex (scil. jener Grundfunktionen) ausgewählt oder konstelliert, der sich zu beiden Seiten des Gegensatzes, zur Thesis wie zur Antithesis, in welche das Ich gespalten ist, kompensatorisch verhält [1]).

Ich verweise hier auf das Beispiel der „Übertragungsablösung" auf S. 107ff. Jung gibt in „Das Unbewußte im normalen und kranken Seelenleben" [1926, Neuaufl. 1943 bei Rascher, Zürich [2])] eine ausführliche Darstellung einer solchen Entwicklung, die sich an einen Traum knüpft, in dem die Patientin im Begriff steht, einen Bach zu überschreiten; sie findet keine Brücke; als sie eine Stelle entdeckt hat, wo sie hinüberkann, faßt sie ein großer Krebs am Fuß und sie erwacht mit Angst. Jung sieht in diesem Traum die Behandlung des archetypischen Motivs des (entscheidenden und gefahrvollen) „Furtübergangs". Dieser Augenblick aktiviert ein im Unbewußten verborgenes (Krebs im Wasser) rückläufiges Libidostück, das den Entwicklungsfortschritt nicht nur stillstellen, sondern in einen Rückschritt verwandeln könnte — solange, bis die in ihm aktivierte Energie aufgebraucht wäre.

[1]) Ein ausgezeichnetes Beispiel, als äußere Parallele zu diesem inneren Vorgang, bietet die Geschichte der Psychotherapie selbst, insofern die kompensatorische Antithese „Freud und Adler" ihrerseits von „Jung" kompensatorisch synthetisiert wird. „Jung" wäre demgemäß die „transzendente Funktion", die „Freud und Adler" transzendiert.

[2]) Unter dem Titel: „Über die Psychologie des Unbewußten", erweiterte, umgearbeitete Ausgabe.

Es kann sich hier nur darum handeln, das Prinzip deutlich zu machen, auf das es ankommt. Jung will zeigen, daß das Tiersymbol (Krebs) nicht analytisch aufgelöst wird dadurch, daß man es als Ausdruck der Angst vor bestimmten Personen der Umgebung der Patientin auffaßt — was sich aus der assoziativen Analyse ergeben hätte. Damit wäre die Entscheidung des Problems ausschließlich auf das Gebiet des persönlichen Unbewußten verlegt, d. h. die Ich-Seite des Konflikts hätte das Übergewicht, die Antithese (unpersönlicher Mächte in der Seele) wäre unterdrückt, d. h. es würde zu weiterer Bildung von Symptomen kommen müssen. Die Symbolbildung als Mittel zur Vereinigung der Gegensätze kommt dagegen nur zustande, insofern das Ich beide Seiten des Gegensatzes voll anerkennt. Sie kann im vorliegenden Falle offenbar erst eintreten, wenn das Außermenschliche (hier das Unheimlich-Tierische) als archaisches Residuum der Kollektivseele „durch bewußte Gegenüberstellung des kollektiven Unbewußten mit in Rechnung gezogen" wird[1]). Dadurch soll die in jenem vorhandene Energie wieder nutzbar werden. Diese Auseinandersetzung ermöglicht dann die Überschreitung der bisherigen Grenzlinie — daher transzendente Funktion — und läßt den nächsten Entwicklungsschritt geschehen, der die neue Einstellung herbeiführt, die im Traum hier als das andere Ufer des Baches angedeutet ist[2]).

Weder reine „Bewußtseinsprodukte" noch die ausschließlich „unbewußten" haben jenen überzeugenden Symbolcharakter; anderseits ist es in gewisser Weise dem Verständnis und der Phantasie des Beurteilers anheimgegeben, wie er die Grenze zwischen Symbol und Symptom zieht. Denn man kann

[1]) l. c. S. 143.

[2]) Daß es sich hier möglicherweise, wie in Neurosen besonders häufig, um ein Steinbock-Krebs(!)-Problem gehandelt hat, sei wenigstens angedeutet, d. h. um einen Konflikt zwischen traditionellem Allgemein-Geist und „Ich" im Sinne unbewußter Gefühlsverhaftung: jener dem „Steinbock", dieser dem „Krebs" entsprechend.

selbstverständlich in allen Dingen das Gleichnishafte oder Symbolische sehen und hervorheben. Ist die symbolische Vereinigung der Gegensatzspannung nicht haltbar genug — weil das Ich nicht völlig zerspalten, sondern mehr auf dieser als auf jener Seite war —, so wird das Produkt wiederum aufgelöst. Gelingt der einen Seite die Auflösung, so kommt es neuerdings zu einer Identifizierung des Ichs mit der meistbegünstigten Funktion, die ja im allgemeinen die Auflösung zustande bringen wird. (Im entgegengesetzten Falle würde das Ich vom „Unbewußten" aufgeschluckt und ein pathologischer Ausgang die Folge sein.)

Das lebendige Symbol ist der „best- und höchstmögliche Ausdruck des Geahnten und noch nicht Gewußten"[1]). Es ist der bildliche Existenznachweis für alle Teile der Psyche und wird dadurch zu einem neuen, die ganze Einstellung beherrschenden Inhalt, die das Ich aus seiner Zerspaltung erlöst, indem es die Kraft seiner Gegensätze in ein neues Strombett zwingt. Jung nennt das Symbol die „psychologische Maschine, welche Energie verwandelt"[2]), oder an anderer Stelle das „Libidogleichnis" — als qualitatives und quantitatives Äquivalent der verfügbaren Energie: Insofern ein seelischer Ausdruck Symbolcharakter hat oder ihm ein solcher zugesprochen wird dadurch, daß das aufnehmende Bewußtsein auf umfassendere Bedeutungszusammenhänge eingestellt ist, vollzieht sich jene „Erweiterung des Bewußtseins", von dem eingangs die Rede war. Diejenige Gruppierung, die im individuellen Fall vorliegt und den Übergang in die neue Einstellung als Vereinigung der vorherigen Gegensätze ermöglicht, ist die transzendente Funktion. Man könnte sie eine (vorläufige) Repräsentanz des „Selbst" nennen.

Symbole im engeren Sinne entstehen stets spon-

---

[1]) Vgl. Jung, Psychologische Typen, S. 678.
[2]) Vgl. Energetik der Seele, S. 76.

tan, sie sind mit bewußter Willensanspannung nicht zu finden, denn das „Bewußtsein" ist in diesem Falle „Partei". Im „Geheimnis der Goldenen Blüte"[1]) sind Symbole in Form von Mandalas abgebildet. Mandala heißt Kreis, speziell „magischer Kreis"[2]). Magisch — insofern die „Schutzfigur des hegenden Kreises" das „Ausströmen", d. h. die Zersprengung des Bewußtseins durch das Unbewußte, also durch psychische Teilsysteme (abgespaltene Komplexe) verhindern soll und zugleich jene Änderung im inneren Gefühl schafft, die z. B. Paulus meint, wenn er bekennt: „Doch nicht ich lebe, sondern Christus lebet in mir" — Christus hier als Symbol für die mystische Tatsache der Wandlung. Diese innere Umstellung, die Aufhebung jeglicher Identität, wird chinesisch beschrieben als Erzeugung des „diamantenen Leibes" oder der „heiligen Frucht".

Welchen Sinn das hat, sei an einer dem Buch beigegebenen Abbildung erläutert. Sie zeigt einen in Kontemplation begriffenen Weisen, das Haupt von Feuer umlodert. Daraus hervorgehend 5 menschliche Gestalten, aus diesen wiederum 25 kleinere — eine plastische Verdeutlichung der Zerspaltungstendenzen der Psyche in ihrer unleugbaren Wirklichkeit. Gleichwohl warnt der chinesische Text den Adepten: „Die durch das Geistfeuer gebildeten Formen und Gestalten sind nur leere Farben und Formen." Ähnlich wird im Tibetanischen Totenbuch der Tote belehrt, den trüben Schein dieser Figuren nicht mit dem reinen weißen Licht „des göttlichen Körpers der Wahrheit" zu verwechseln, d. h. das Licht des höchsten Bewußtseins nicht in konkretisierte Figuren zu projizieren. Der Zustand der Vollendung besteht offenbar in einer

---

[1]) Ein chinesisches Lebensbuch, übersetzt und erläutert von Rich. Wilhelm, mit einem europäischen Kommentar von C. G. Jung, Dornverlag Grete Ullmann, München. Darin zehn Reproduktionen prachtvoller Mandalas. 4. Aufl. bei Rascher, Zürich 1944.

[2]) Das Mandala einer Somnambulen hat Jung bereits 1902 publiziert vgl. „Collected Papers on Analytical Psychology". Vergriffen, wird innerhalb der Complete Works neu aufgelegt.

Zurückziehung des Bewußtseins auf einen gleichsam extramundanen Punkt, wo es zugleich leer und nicht leer ist. Das ist psychologisch ausgedrückt die völlige Aufhebung der anfänglichen Ununterschiedenheit von Subjekt und Objekt, die Verlegung des Gravitationszentrums der Gesamtpersönlichkeit vom „Bewußtseinszentrum des Ichs“ auf einen gleichsam virtuellen Punkt zwischen den Inhalten des Bewußten und denen des Unbewußten — Jungs „Selbst“.

Die Gewißheit: nicht ich lebe, es lebt mich, ist zugleich Ausdruck der größten Spannung, in welcher der Mensch jene Kluft zwischen „Instinkt“ und „Geist“ überbrückt und das Leben in einem tieferen Sinne begreift und ergreift als vorher im Stande des intellektuellen Sündenfalls, der Emanzipation des Intellekts. In der Wiedervereinigung (der differenzierten und minderwertigen Funktion) wird das „große Tao“ — der „Weltsinn“ — gefunden.

Die mächtigsten Archetypen haben wohl neben den obengenannten die nahen menschlichen Beziehungen geschaffen, wie die zu Vater und Mutter, Weib und Kind. Die Mutter, die zum Kinde mit seinem noch tief im kollektiven Erleben befangenen Geist in nächster Einwirkung steht, lebt in ihm als mächtiger Archetypus der Mutterimago. Auch später, wenn die persönliche Gestalt der Mutter sich längst aus dem Projektionsnebel der kindlichen Phantasie gelöst hat, ist die Imago der Mutter noch unbewußt wirksam und beeinflußt die Beziehungen des Menschen zur Welt. Seit Freud sind in der psychoanalytischen Literatur zahlreiche Beobachtungen darüber veröffentlicht worden, wie das Bild der Mutter z. B. die Liebeswahl entscheidend bestimmt — sei es im parallelen, sei es im gegensätzlichen Sinne. Jung betont den allgemeinen und positiven Charakter dieses Einflusses der Elternimago. Würde sie nicht wirksam sein bei der Entstehung der neuen Generation, so wäre die Kontinuität des Lebens nicht gewahrt, „die Eltern würden nicht in den Kindern wiedergeboren", der Erwachsene würde seine Kindheit nicht in sein späteres Leben hinübernehmen können und darum unbewußt ein Kind bleiben müssen — ein Sachverhalt, der zur Neurose disponieren würde.

Der Archetypus des Vaters beeinflußt die Beziehung zu Gesellschaft, Staat, Vaterland, Geist, Öffentlichkeit — kurz zur gestalteten Welt, zum Kosmos, und erhöht sich zum Gottesbild als dem schöpferischen Prinzip von unerforschlichen Absichten und schrankenloser Macht — wie anderseits die Mutter zum hegenden Schoß alles Werdens.

Ist das Bild der Mutter und das des Vaters Ausdruck der Beziehung des Menschen zur Welt in ihrer allgemeinsten Form, ihrer stofflichen und dynamischen Seite, so repräsentieren die Figuren des Animus und der Anima das unbewußte Mannerlebnis des Weibes bzw. das Weiberlebnis des Mannes. Anima, animus heißt (lat.) Seele, resp. „Geist". Jung macht eine begriffliche Trennung zwischen Seele und Psyche. Unter dieser ist die Gesamtheit der psychischen Vorgänge gemeint, der bewußten wie der unbewußten, während „Seele" ein bestimmter Funktionskomplex innerhalb dieser Gesamtheit ist. Grund für diese Trennung gab die Erfahrung, daß „Seele" im Unbewußten sich als „Seelenbild" abbildet — vergleichbar etwa einer jener „Persönlichkeiten", wie sie bei den Fällen von double conscience eingangs erwähnt wurden.

Die unbewußte Funktionsgruppierung, die das Anima- (Animus-) Bild zusammenfaßt, ist wesentlich abhängig von der Beschaffenheit desjenigen Funktionskomplexes, den wir Bewußtsein nennen — und zwar insofern, als unter Bewußtsein derjenige Funktionsanteil der Psyche verstanden wird, der als Anpassung oder Einstellung zur äußeren Welt charakterisiert ist. Diese Einstellung faßt Jung zusammen als „Persona" — wiederum unter einer Figur, weil die „äußere Einstellung" gleichfalls in Träumen durch Bilder dargestellt wird, oft durch solche von bekannten Personen, die die betreffenden Eigenschaften besonders ausgeprägt haben. So träumte ein Patient wiederholt von einem sehr populären deutschen General als dem Repräsentanten von Fähigkeiten, die ihm die Bezeichnung „genialer Feldwebel" eingetragen haben. Es enthält natürlich keinen Widerspruch, daß die Persona, obwohl sie durch die „bewußten Funktionen" geleistet wird, ihrerseits als Abbild der dadurch gegebenen Einstellung unbewußt sein kann und sich daher in Träumen abbildet. Einen andern Sinn kann ja Bewußtmachung des Unbewußten gar nicht haben, als daß sie jeweilig über das Bewußte, auch dieses einschließend, hinausgeht, um es so zu erweitern. Unbewußt ist die Persona z. B. dann, wenn das Subjekt, das Ich, ununterschieden, identifiziert ist mit der äußeren Einstellung. Dann besteht keine bewußte Beziehung zu den Anpassungsvorgängen nach außen; sie muß aber auch fehlen zu den Vorgängen im Innern, d. h. das Ich ist zugleich mit der „Seele" identisch: Persona als Bild der äußeren Einstellung und Anima als Bild der inneren sind beide unbewußt. Erst sofern Bewußtheit an einer Stelle die Abtrennung vollzieht bzw. die Identität auflöst, ist eine Beziehung möglich. Dann verhalten sich Persona und Anima als bestimmte psychologische Funktionskomplexe im allgemeinen kompensatorisch zueinander. Alles, was in der äußeren Einstellung nicht vorhanden ist, wird in der inneren zu finden sein.

Ist die Persona das typische Ergebnis eines bestimmten Milieueinflusses, so die Anima das Ergebnis eines typischen Verhaltens zu den Regungen des eigenen Innern. Beides sind also „kollektive Persönlichkeiten" als Abbilder kollektiver Einstellungsweisen nach außen und nach innen. Beide können bei den verschiedenen Menschen verschieden entwickelt sein. Ist die Persona mehr oder weniger unentwickelt und primitiv — entweder als Anpassungsergebnis an ein zu primitives Milieu oder infolge abnormen Überwiegens des Animaeinflusses —, so ist damit natürlich gleichwohl eine typische, wenn auch unzulängliche Einstellung nach außen gegeben, wie anderseits eine typische Einstellung nach innen auch dann vorliegt, wenn die inneren Vorgänge, wie es vorkommt, ganz oder fast ganz übersehen werden. Bei defekter innerer Einstellung übernimmt die Anima (Animus) die archaischen Züge des Unbewußten und ihren symbolisch-prospektiven Bedeutungsgehalt.

Da in der gewöhnlichen Haltung des Mannes die äußere Einstellung durch Logik und Sachlichkeit, die innere durch Gefühl charakterisiert ist, während von der Frau gemeinhin das Umgekehrte gilt — sie „fühlt nach außen" und „überlegt nach innen" —, ist die „Seele" des Mannes eine weibliche Figur (Anima), die „Seele" der Frau dagegen männlich (Animus). Ist die Anima kurz gesagt Gefühl, so der Animus D e n k e n[1]); — freilich zumeist nicht in der Ruhe reiner Logik, sondern eher im Sinne affektvollen Argumentierens, welches resultiert, wenn das zugrunde liegende Elementarurteil unbewußt übernommen wird. Jung charakterisiert die Animuswirkung einmal als „unbewußte Voraussetzung eines ungedachten Urteils"[2]). — Um dem Einwand zu entgehen, daß in dieser Psychologie die Frauen schlecht wegkämen, sei betont, daß es sich nicht um diese, sondern um „das Weibliche" handelt; auch der Mann trägt es in seiner Brust (Anima!). Der negative Aspekt der Anima ist Laune, der negative Aspekt des Animus Rechthaberei.

---

[1]) Elementares Urteilen.

[2]) Vgl. „Die Erdbedingtheit der Seele".

Werden diese „Figuren des Unbewußten" nicht als solche bewußt, so ist ihre psychologische Wirkung an das äußere Objekt (scheinbar) gebunden, d. h. sie sind projiziert. Dann entstehen unmittelbare Abhängigkeitsverhältnisse zum Objekt, im Falle der Animus-(Anima-)Projektion enge, zwangsmäßige Bindungen an die betreffende Person, die als Träger des Seelenbildes geeignet scheint. Alle gleichsam magisch wirkenden Anziehungen zwischen den Geschlechtern beruhen auf unbewußten Projektionen des Seelenbildes. Insoweit sie als unmittelbar zwingend erlebt werden, ist die „Seele" unbewußt, d. h. es besteht kein Wissen um die inneren Vorgänge oder das Verhalten zum eigenen Innern; das Ich ist mit der Persona identifiziert. Wird das Seelenbild überhaupt nicht projiziert, so bleibt es beim Subjekt, das selbst zur „Seele wird", „Seele" lebt (Animaidentifikation): der Betreffende glaubt dann, daß die Art, wie er sich zu seinem Innern verhält, sein wirklicher Charakter sei. In diesem Fall wird die Persona projiziert, und zwar auf ein gleichgeschlechtliches Objekt — eine häufige Grundlage homosexuell gefärbter Verhältnisse, schwärmerischer Freundschaften oder Vaterübertragungen bei Männern und Mutterübertragungen bei Frauen. Der Anpassungsdefekt solcher Fälle wird unschwer zu bemerken sein. Gleichzeitig liegt aber in jenen Bindungen eine Tendenz zur Überwindung der relativen Beziehungslosigkeit, die zur Entwicklung drängt. Hier liegt eine Aufgabe für denjenigen, der die „Übertragung" erhält, sei er Arzt oder Erzieher oder in welchem Verhältnis immer zum „Übertragenden".

Insoweit Identifizierungen mit der äußeren Rolle oder Animaidentifikationen bestehen, liegen kollektive Einstellungen (nach der Seite des Bewußten oder des Unbewußten) vor, das individuelle Moment ist noch unbewußt, und zwar mit der „Seele" assoziiert. Die gleichsam erst zu gebärende psychologische Individualität tritt in Träumen häufig in Symbolen auf, die sich an das urtümliche Bild der Heldengeburt anlehnen, oder wird, als neue Einstellung, durch junge Kinder symbolisiert. Bleibt die Bedeutung des damit eingeleiteten Vorgangs unerkannt und wird aus irgendeinem Grunde die in ihnen investierte Libido rückläufig, so kann sich das unbewußt dadurch abbilden, daß das Kind verhungert oder verunglückt.

Wofern das Seelenbild überhaupt nicht projiziert wird, hat der Mann keine Beziehung zur Frau, die Frau keine zum Mann. Je zwingender der Charakter einer Bindung ist, desto mehr unbewußtes Material ist durch die Person, auf die projiziert wird, im Projizierenden „konstelliert" worden. „Übertragung" und „Konstellierung" bedingen sich gegenseitig. Der Vorgang hat den autonomen Charakter des unbewußten Einsseins mit dem Objekt. Darstellungen der Animafigur und ihrer Wirkung auf den Mann finden sich in den phantastischen Romanen von Rider Haggard, besonders in „She"; auch „l'Atlantide" von P. Benoit (Librairie Hachette, Paris) ist eine solche.

„She" ist die abenteuerliche Geschichte von Horace Holly, der sich just der akademischen Karriere widmen will, als sich das Unbewußte meldet: eines Nachts — es geht auf zwölf — klopft es an die Tür seines Studierzimmers, und der Besucher vertraut Holly seinen fünfjährigen Knaben an und übergibt ihm eine Kassette mit der Weisung, sie nicht vor dem 25. Geburtstag des Kindes zu öffnen. Die Sorge für Leo, den Knaben, nötigt Holly in eine neue Einstellung zum Leben, und nachdem Leo herangewachsen ist, wird die Kiste geöffnet — Schicht für Schicht dringt er ins Unbewußte —, bis er auf ihrem Grunde eine antike Scherbe und einen Skarabäus findet. Die Topfscherbe zeigt eine Inschrift, die von Kallikrates erzählt, der aus Liebe zu Amenartas sein Priestergelübde brach und mit ihr floh. Sie kommen zu der Königin eines fernen Landes, die, mit magischer Kraft und ewiger Jugend begabt jedem Eindringling mit Wahnsinn und Untergang lohnt. Kallikrates aber, den „Schönen in Kraft", liebt She und begehrt ihn zum Gatten. Sie bringt „auf furchtbaren Pfaden" das Paar dorthin, wo die „große Höhle" ist, in der der „alte Weise" tot liegt und der feurige „Pfeiler des Lebens" rollt, dessen Stimme ist wie die Stimme des Donners. Sie verspricht Kallikrates ewige Jugend, wenn er seine Gattin töte, der gegenüber Shes Macht versagt. Er aber will nicht, er schützt seine Augen mit der Hand, um Shes Schönheit nicht zu sehen. Da tötet sie ihn. Amenartas aber verläßt das Land. Als sie einen Sohn gebiert, hinterläßt sie ihm sterbend die Weisung: Geh und suche das Weib und lerne das Geheimnis des Lebens, und wenn du den Weg findest, räche deinen Vater Kallikrates; hast du aber Furcht und es mißlingt dir, so gelte das allen deinen Nachkommen, bis es jener Held vernimmt, der baden wird in dem Feuer des Lebens, das Unsterblichkeit verleiht. — Diesen Weg zu She suchen Holly-Leo in dem nun folgenden Roman — es ist der ewig gleiche Weg des Lebens, den sie gehen. Er ist in Jahrtausenden nicht anders geworden, ein archetypisches Motiv des kollektiven Unbewußten. Es ist der Mythus von Osiris, der im Leib seiner Mutter Nut — im Unbewußten — seine beiden Schwestern Isis und Nephthys beschläft. Isis, die Königin des Tages, Nephthys, die Königin der Nacht. Zwischen beiden entbrennt der Kampf um die Liebe des Helden wie zwischen She und Amenartas oder — im folgenden She-Roman Rider Haggards, „The Return of She" — zwischen She und der Tartarenkönigin, die nun zur Vertreterin des nächtlichen Prinzips geworden ist. Rider Haggards Verhältnis zu diesem Motiv erhellt aus den „She" gewidmeten Versen, wo es heißt, daß nicht im fernen Lande K r sich alles dies abspiele, sondern im menschlichen Herzen. Dort regiert She, das unvergängliche Bild nicht gelebter, begrabener Liebe von unwiderstehlicher Anziehungskraft.

Eine A n i m u s geschichte ist Mary Hays „The Evil Vineyard" (Edition Tauchnitz). Die Basis, von der aus der unheimliche Zwang des Unbewußten sich hier entwickelt, ist die Ehe eines jungen Mädchens mit einem um 20 Jahre älteren Gelehrten. Sie heiratet ihn, ohne ihn zu lieben, fasziniert durch seine Gelehrsamkeit, indem sie blind der Projektion ihres Animusbildes folgt, für das er der geeignete Träger ist. Als die Ehe ihr

Instinktleben völlig unbefriedigt läßt und auch ihre geistigen Bedürfnisse unerfüllt bleiben — der ältere Mann sieht seinerseits in ihr die Anima —, entwickelt sie die Phantasie des gefangenen Vögelchens, das ein junger Mann erretten muß. In dem Maße, wie sie sich zurückzieht, wird die Eifersucht des Gatten geweckt, und als er ein altes Schloß, Casa di Ferro genannt, zum gemeinsamen Wohnsitz mietet, ist es soweit, daß er sich mit dem früheren Besitzer, Henrico von Brunnen, identifiziert, seine Frau einschließt und beinahe tötet — getrieben durch seine Eifersucht und die heimliche Wirksamkeit der ungelebten Instinkte seiner Frau, die Phantasien gebären, die er ausführen muß.

Selma Lagerlöfs Gösta Berling ist ferner ein bekannter Typus, auf den Frauen vielfach mit Animusprojektionen reagieren. Ein hervorragendes Anima-Beispiel ist Richard Wagners Wesendonck-Erlebnis. „Sie ist und bleibt meine erste und einzige Liebe! Es war der Höhepunkt meines Lebens", schreibt er noch nach Jahren[1]).

Animus- und Animabild als kollektive psychische Phänomene erscheinen oft in archaischer, altertümlicher Einkleidung oder werden mit einem historischen Gefühl erlebt. Die beiden genannten Beispiele sind auch dafür typisch. Insofern die persönliche Psychologie eines Menschen von ihnen nicht abgetrennt ist, kommen entweder persönliche Beziehungen gar nicht zustande, oder vermeintlich echte Beziehungen bekommen plötzlich einen unheilbaren Riß, wenn Kollektivbilder mit der persönlichen Psychologie verschmelzen. Durch solche Verschmelzung wird das Ich in krankhafter Weise aufgebläht, ein Zustand, den Jung als „Inflation" bezeichnet. In H. G. Wells, „Christina Albertas Father" wird der Held, der biedere Mr. Preemby, eines Tages zu Sargon, King of Kings — angerührt von etwas, das

[1]) Zitiert nach: Richard Wagner an Mathilde und Otto Wesendonck, Tagebuchblätter und Briefe, herausg. von Dr. Jul. Kapp, Hesse & Becker Verlag, Leipzig.

ihm sagt, sein Leben hier, das er als „möblierter Herr" führt, könne unmöglich den Sinn des Daseins erschöpfen, und er erlebt nun eine psychologische Revolte gegen den Dämon der Banalität.

Wir können im allgemeinen drei Wirkungen unterscheiden, je nach dem Ort, wo die Kollektivkräfte der Psyche plaziert sind: ob unbewußt projiziert ins Objekt — wodurch dem Objekt Wirkungen beigelegt werden, die psychologisch zum Subjekt gehören; ob identifiziert mit dem Bewußtsein — Inflation; oder ob nach innen gewandt als Funktionskomplex, der die Verbindung zwischen dem Ich und dem Unbewußten vermittelt. Als Beispiel für den ersten Fall sei auf die Anima- und Animusbindungen hingewiesen; Inflationszustände sind besonders „Propheten"gestalten, wie etwa Heußer, Weißenberg, ja man wird — mit Abstand allerdings — hier auch an Rudolf Steiner denken können. Nur der letzte Fall — Wendung nach innen — ist technisch und psychologisch einwandfrei, insofern er eine bewußte Beziehung zu den autonomen Inhalten der Psyche ermöglicht, so daß das Ich nicht mehr der Spielball der Gegensätze von äußerer und innerer Forderung wird, sondern als Mitte von beiden, weder diesem noch jenem anhangend, die individuelle Form der Vereinigung beider bildet. (Etwa Gandhi, Ramakrishna u. a.)

Diese Form des Bewußtseins als psychische Individualität setzt eine allseitige Unterschiedenheit vom Objekt voraus. Bevor diese erreicht wird, ist Individualität zwar vorhanden, aber nicht bewußt vorhanden, es existiert nur eine Kollektivpsychologie des Bewußtseins oder eine unzureichende Trennung von den (möglichen) Objekten. Den Differenzierungsprozeß, durch den die bewußte Individualität entwickelt wird, nennt Jung (psychische) Individuation. Es muß ohne weiteres klar sein, daß der Individuationsprozeß mit der Differenzierung der inneren Einstellung, der „Erziehung" der Anima-(Animus-) Funktion parallel geht. Denn das Seelenbild ist die Zusammenfassung jener Subjekteinflüsse, die die Objektbeziehung überlagern und jenes Anpassungsmanko bedingen können, das die „Libido" staut und zum Affekt steigert. Und solange noch uneingeschränkt der Satz gilt: „Tout phantôme interne renferme une conception affirmative" (H. Taine) — ist die Beziehung zum Innern noch zu undifferenziert. Der Prozeß der Individuation, die aus unbewußtem Einssein hervorgeht, hat natürlich zunächst das dem Individuum nötige und mögliche Maß von Kollektivnormen zu erfüllen, bevor die psychologische Individualität bewußt werden kann. Denn Ausdruck der Individualität können sicherlich nie die psychischen Elementarvorgänge sein, welche immer kollektiv sind, ebensowenig aber (in dem hier gemeinten Sinne) spezielle (Persona-)Einstellungen, die immer mehr oder weniger zufälligen Ausschnitten der Gesamtpsyche entsprechen und gleichfalls vorwiegend kollektiver Natur sind. Individuell kann nur die bereits in der Anlage gegebene Form persönlicher Gestaltung sein, die nach Überwindung der kollektiven Normierung denjenigen Entwicklungslinien folgt, die in der transzendenten Funktion (d. h. der jeweils einstweiligen Selbst-Repräsentanz) vorgezeichnet werden (vgl. S. 132 ff.).

Steht so die Individualität in einem gewissen Gegensatz zur Kollektivität, so ist der Gegensatz doch nur scheinbar, insofern die kollektive Norm nichts ist als die Gesamtheit individueller Wege, die nur dann zu absoluter Geltung käme, wenn ihr gegenüber ein individueller Weg zur Norm erhoben würde, wie es im extremen Individualismus geschieht. Die aus der transzendenten Funktion entwickelte Individualität führt aber nicht zum Gegensatz, d. h. zur Vereinzelung, sondern in einen intensiveren Zusammenhang mit der Kollektivität.

Je enger und einseitiger die (nicht bewußt gewordene) Personaeinstellung ist, desto mehr Inhalte persönlicher Natur wird das Animabild enthalten. Werden desen Inhalte bewußt gemacht, so erweitert sich damit auch in entsprechender Weise die Beziehung zur Außenwelt (Persona). Was wir kompensatorisches Verhältnis von Anima und Persona nannten, läßt sich als Erlebnis folgendermaßen umschreiben: Der mit der Persona Identifizierte ist zwar Herrscher in seiner Personawelt, anderseits aber in der Gewalt eines Weibes, der Anima (entweder projiziert — einer wirklichen Frau — oder des „Weiblichen" in ihm selbst), deren Herrschaft, auch im Äußeren, dort anfängt, wo der Personabereich — die „Anpassung" — aufhört. Insofern die Anpassungsforderung nicht erfüllt wird, bleibt die Anima „autonomer Komplex". Je nachdem, ob die äußere oder innere Einstellung den Akzent hat, wird von Extra- oder Introversion gesprochen werden können.

Den dynamischen Wert des autonomen Komplexes, der sich als Anima (Animus) abbildet, nennt Jung „Prestige" oder mit einem Ausdruck der Psychologie der Primitiven: „Mana". In dem Maße, wie die Inhalte der Animafigur bewußt werden, erweitert sich das Bewußtsein, die Personaidentifizierung löst sich und weicht schließlich ganz in dem Moment, wo die Anima ganz Bewußtseinsinhalt geworden und als Beziehungsfunktion zum Unbewußten übrigbleibt. Dann hat augenscheinlich das „Ich" das Mana der Anima (Animus) übernommen. War das Animaphänomen von „unwiderstehlicher Mächtigkeit", so liegt diese Wirkung jetzt anscheinend ganz beim Ich.

„Ich muß jetzt viel Gewalt über die Menschen haben", schreibt Richard Wagner am 24. November 1858 von Venedig, drei Monate nach der Flucht aus dem Wesendonckschen Asyl in Zürich (l. c. S. 148).

Es ist die Zeit der Komposition des „Tristan" und drei Wochen nach einer Nacht am „schwarzflutenden Kanal", in der sich sein Entschluß zum Tode zu neuem Dasein durchrang. —

Eine solche Einstellung konstelliert aber neuerdings einen Gegensatz zum Unbewußten. Im Unbewußten erscheint ein anderer Archetypus, der des „Alten Weisen" oder „Großen Zauberers" (beim Mann), der „Großen Mutter", der „Allerbarmerin" (bei der Frau).

Vgl. dazu den Weisen in der Höhle, zu der She Kallikrates führt, oder Merlin, den weisesten Meister[1]), der gebunden ist an „Sie, welche mich hier hält" — die Anima. Er ist zugleich der „Törichtste der Toren, denn er lehrte seine Liebste, wie sie ihn unlösbar binden könne, und gab all seine Macht und all sein Wissen in ihre Hände".

Die persönliche Psychologie droht abermals einem kollektiven Bilde anheimzufallen: der „Manaraub" des Ichs war ein Übergriff, der durch einen Gegengriff vom Unbewußten beantwortet wird. Erst wenn der Überlegenheitsanspruch des Ichs fortfällt, d. h. die Inhalte der „Manapersönlichkeit" neuerdings bewußt werden, fällt der Manawert dem gesuchten Mittelpunkt der Persönlichkeit zu. Diesen nennt Jung das Selbst, das man psychologisch charakterisieren könne „als eine Art von Kompensation für den Konflikt zwischen Innen und Außen (vgl. Jung, Beziehungen zwischen dem Ich und dem Unbewußten).

Damit ist das Ziel der Individuation erreicht: „Das individuierte Ich empfindet sich als Objekt eines unbekannten und übergeordneten Subjekts."

Zum Schluß noch einige Worte über die Auffassung der Träume in der Jungschen Psychologie. Sie ergibt sich zunächst aus der kompensatorischen Beziehung, in der Bewußtes und Unbewußtes zuein-

[1]) Karl Vollmoeller, Parcival, Inselbücherei Nr. 115.

ander stehen. Dann aber auch aus der Eigentätigkeit des Unbewußten selbst, dessen Aktivität auch im Wachzustand wahrnehmbar wird, wenn sein energetischer Wert den des Bewußtseins übersteigt. „Unbewußte Inhalte" drängen sich dann in Form von Phantasien dem Bewußtsein auf — „passive Phantasie" (Jung) —, d. h. das Bewußtsein verhält sich passiv zu ihnen, ähnlich wie im Schlaf, wo die Passivität den höchsten Grad erreicht, so daß schon ganz schwache Kompensationsvorgänge der Psyche zur Wahrnehmung gelangen.

Wer den Sinn eines Traumes verstehen will, muß also zunächst in der bewußten Psychologie des Betreffenden orientiert sein, der ihn geträumt hat. Konstante Traumübersetzungen gibt es nicht, man muß wissen, w e r sich den Traum „vormacht"; denn es gilt hier wie überall der Satz: „Si duo faciunt idem non est idem." Alfred Adlers Formulierung, daß der Träumer im Traum seine neurotische Einstellung trainiere, besteht nur dann zu Recht, sofern eine neurotische Einstellung vorliegt und — notabene — als Traumgrund wirksam ist. Auch jede andere Einstellung entwirft ihr unbewußtes Spiegelbild auf dem dunklen Hintergrunde des Bewußtseins, abgesehen davon, daß Träume objektiven und sogar im engeren Sinne telepathischen Inhalts verbürgt sind und nicht zum Baalsopfer der sog. „Neurosenpsychologie" gemacht werden dürfen.

Es bedarf keiner längeren Ausführung, daß auch die „Inhalte des Unbewußten", wenn sie einmal in die Kontinuität des seelischen Lebens hereingenommen werden und „Bewußtseinsinhalt" sind, betrachtet werden können wie alles andere auch: sie sind, wie alle Dinge, aus Ursachen entstanden oder auf Ziele gerichtet — je nachdem, wie man sie ansieht. Führt man den Traum auf seine Ursachen zurück, so wendet man eine r e d u k t i v e Methode an, d. h. man führt ihn auf seine physiologischen oder psychologischen Bedingungen zurück. Man kann ihn aber auch „k o n s t r u k t i v“ oder „synthetisch“ betrachten. Es ist klar, daß man schon unter einer Art „synthetischer“ W i r k u n g des Traumes steht, wenn man sich überhaupt mit ihm beschäftigt, gleichgültig, ob man ihn selbst reduktiv (kausal) oder synthetisch (final) interpretiert.

Da die Absicht aller ärztlich geleiteten Traumdeutung ist, die notwendige Harmonie zwischen Bewußtem und Unbewußtem anzubahnen, wird die reduktive Methode solange anzuwenden sein, als Disharmonien bestehen, d. h. Probleme der persönlichen Psychologie den Menschen von den kollektiven Grundlagen des Lebens absondern, während die synthetische Betrachtung dann ausschließlich zur Geltung kommt, wenn der Anschluß an die Kollektivnorm gewonnen und der eigentliche Individuationsprozeß auf dem im Vorstehenden dargelegten Wege beginnt. Von da ab nimmt auch der Charakter der Träume andere Formen an, — was nicht ausschließt, daß tiefere Motive in jedem Stadium auftreten können.

Anhang

Seit 1942 erschienene Buchveröffentlichungen von C. G. Jung

Über die Psychologie des Unbewußten (erweiterte u. verbesserte Aufl. von „Das Unbewußte im normalen und kranken Seelenleben“), Zürich 1942.

Psychologie und Alchemie. Psychologische Abhandlungen Bd. V, Zürich 1944.

Psychologie und Erziehung, Zürich 1946. — Enthält:
1. Analytische Psychologie und Erziehung (erweitert und verbessert);
2. Über Konflikte der kindlichen Seele;
3. Der Begabte.

Aufsätze zur Zeitgeschichte, Zürich 1946.

Symbolik des Geistes. Psychologische Abhandl. Bd. VI, Zürich 1948.

Über psychische Energetik und das Wesen der Träume. Psychologische Abhandlungen Bd. II (erweiterte Aufl. von „Über die Energetik der Seele"), Zürich 1948.

Psychologische Typen. 5. (unveränderte, aber korrigierte) Aufl., Zürich 1950.

Das Geheimnis der Goldenen Blüte. 4. Aufl., Zürich 1944.

Symbole der Wandlung. 3. (umgearbeitete) Auflage der „Wandlungen und Symbole der Libido", Zürich 1950.

Seelenprobleme der Gegenwart. Psychologische Abhandl. Bd. III, 3. Aufl., Zürich 1946.

Wirklichkeit der Seele. Psychologische Abhandl. Bd. IV, 3. Aufl., Zürich 1947.

(Alles bei Rascher u. Cie., Zürich.)

Register

SAMMLUNG GÖSCHEN

Lieferbare und neue Bände

Jeder Band DM 2.40

A. Geisteswissenschaften

Nr. 19 **Altheim, F., Römische Geschichte.** I. Teil: Bis zur Schlacht bei Pydna. 1948. 123 S.

Nr. 30 **Kleffner, W., Kartenkunde.** 3. Aufl. 1950. 152 S

Nr. 42 **Behn, F., Vorgeschichte Europas.** 7. Aufl. Mit 47 Abb. 1949. 125 S.

Nr. 59 **Krahe, H., Indogermanische Sprachwissenschaft.** 2. Aufl. 1948. 134 S.

Nr. 66 **Berneker, E., u. M. Vasmer, Russische Grammatik.** 6., unveränderte Aufl. 1947. 155 S.

Nr. 70 **Nestle, W., Geschichte der griechischen Literatur.** I. Von den Anfängen bis auf Alexander d. Gr. 2., verb. Aufl. Neudruck. 1950. 144 S.

Nr. 101 **Wiese, L. v., Soziologie.** Geschichte und Hauptprobleme. 4. Aufl. 1950. 148 S.

Nr. 125 **Vossler, K., Italienische Literaturgeschichte.** Unveränderter Nachdruck der 1927 erschienenen 4., durchges. und verbesserten Aufl. 1948. 148 S.

Nr. 200 **Gottschald, M., Rechtschreibungswörterbuch.** In Vorbereitung.

Nr. 238 **Krahe, H., Germanische Sprachwissenschaft.** Bd. I. 2. Aufl. 1948. 127 S.

Nr. 270 **Kirn, P., Einführung in die Geschichtswissenschaft.** 1947. 132 S.

Nr. 279 **Jacob, K., Quellenkunde der deutschen Geschichte im Mittelalter (bis zur Mitte die 15. Jahrh.).** I: Einleitung. Allgemeiner Teil. Die Zeit der Karolinger. 5. Aufl. 1949. 118 S.

Nr. 280 ——, II: Die Kaiserzeit (918—1250). 4. Aufl. 1949. 127 S.

Nr. 500 **Simmel, G., Hauptprobleme der Philosophie.** 7., unveränderte Aufl. 1950. In Vorbereitung.

Nr. 557 **Nestle, W., Geschichte der griechischen Literatur.** II. Von Alexander d. Gr. bis zum Ausgang der Antike. 2. verbesserte Aufl. 1945. 128 S.

Nr. 564 **Behn, F., Kultur der Urzeit.** Bd. I. Steinzeit. 3. Aufl. In Vorbereitung.

Nr. 565 ——, Bd. II. Bronzezeit. 4. Aufl. In Vorbereitung.

Nr. 566 ——, Bd. III. Eisenzeit. 4. Aufl. In Vorbereitung.

Nr. 573 **Helbok, A., Die Ortsnamen im Deutschen.** Durchgesehener Neudruck. Mit 6 Karten. 1944. 126 S.

Nr. 677 **Altheim, F., Römische Geschichte.** II. Teil: Bis zur Begründung des Prinzipats. 1948. 141 S.

Nr. 770 **Beckh, H., Buddhismus** (Buddha und seine Lehre). II. Die Lehre. 3. Aufl. 1928. 135 S.

Nr. 780 **Krahe, H., Germanische Sprachwissenschaft.** Bd. II. 2. Aufl. 1948. 140 S.

Nr. 781 **Weigert, H., Stilkunde.** II. Spätmittelalter. Neuzeit. Neudruck. Mit 84 Abb. 1944. 141 S.

Nr. 807 **Kropp, G., Erkenntnistheorie.** I. Allgemeine Grundlegung. 1950. 143 S.

Nr. 929 **Schirmer, A., Deutsche Wortkunde.** 3. Aufl. 1949. 109 S.

Nr. 1000 **Jaspers, K., Die geistige Situation der Zeit** (1931). Zweiter unveränderter Abdruck der im Sommer 1932 bearbeiteten 5. Aufl. 1949. 232 S.

Nr. 1008 **Mellerowicz, K., Allgemeine Betriebswirtschaftslehre.** 1. Bd. 6., unveränderte Aufl. 1948. 134 S.

Nr. 1031 **Apel, M., Philosophisches Wörterbuch.** 3. Aufl. In Vorbereitung.

Nr. 1034 **Kranefeldt, W. M., Therapeutische Psychologie.** Analytische Psychologie (Freud, Adler, Jung). 2. Aufl. 1950. In Vorbereitung.

Nr. 1045 **Schubert, H., Die Technik des Klavierspiels.** 2. Aufl. 1946. 132 S.

Nr. 1065 **Haller, J., Von den Karolingern zu den Staufern.** Die altdeutsche Kaiserzeit (900—1250). Mit 4 Karten. 3. Aufl. 1944. 141 S.

Nr. 1085 **Lietzmann, H., Zeitrechnung der römischen Kaiserzeit, des Mittelalters und der Neuzeit für die Jahre 1—2000 n. Chr.** Neudruck. 1946. 127 S.

Nr. 1086 **Müller, G., Deutsches Dichten und Denken vom Mittelalter zur Neuzeit** (1270—1700). 2. Aufl. 1949. 159 S.

Nr. 1094 **Hernried, R., Systematische Modulation.** 2. Aufl. In Vorbereitung.

Nr. 1096 **Viëtor, K., Deutsches Dichten und Denken. Von der Aufklärung bis zum Realismus** (1700—1890). 2. Aufl. 1949. 156 S.

Nr. 1115 **Ranke, F., Altnordisches Elementarbuch.** Neudruck. 1949. 146 S.

Nr. 1116 **Meißner, P., Englische Literaturgeschichte.** II. Von der Renaissance bis zur Aufklärung. Durchgesehener Neudruck. 1944. 139 S.

Nr. 1117 **Haller, J., Der Eintritt der Germanen in die Geschichte.** Mit sechs Kartenskizzen. 2., verbess. Aufl. 1944. 119 S.

Nr. 1122 **Feist, H., Sprechen und Sprachpflege.** Mit 25 Abb. 1938. 107 S.

Nr. 1124 **Meißner, P., Englische Literaturgeschichte.** III. Romantik und Victorianismus. Durchgesehener Neudruck. 1944. 150 S.

Nr. 1125 **Lehnert, M., Altenglisches Elementarbuch.** 2., verbesserte und vermehrte Aufl. 1950. 176 S.

Nr. 1130 **Dibelius, M., Jesus.** 2. Aufl. Neudruck. 1949. 141 S.

Nr. 1135 **Lehnert, M., Beowulf.** 2., verbesserte Aufl. 1949. 135 S.

Nr. 1136 **Meißner, P., Englische Literaturgeschichte.** IV. Das 20. Jahrhundert. Durchgesehener Neudruck. 1944. 157 S.

Nr. 1148 **Pepping, E., Der Polyphone Satz. I. Der cantus-firmus Satz.** 2. Aufl. 1950. 224 S.

Nr. 1149 **Wiesner, J., Vor- und Frühzeit der Mittelmeerländer.** I. Das östliche Mittelmeer. Mit einer Textabb. und 7 Tafeln. 1943. 177 S.

Nr. 1150 ——, II. Das westliche Mittelmeer. Mit 3 Textabb. und 7 Tafeln. 1943. 129 S.

Nr. 1153 **Mellerowicz, K., Allgemeine Betriebswirtschaftslehre.** 2. Bd. 6. unveränderte Aufl. 1948. 123 S.

Nr. 1154 ——, 3. Bd. 6. unveränderte Aufl. 1948. 153 S.

B. Naturwissenschaften und Technik

Nr. 3 **Ende, E. vom, Die Maschinenelemente.** 2., verbesserte Aufl. Mit 175 Fig. und 12 Tafeln. 1950. In Vorbereitung.

Nr. 29 **Brauns, R., u. K. F. Chudoba, Mineralogie.** 8., neubearbeitete Aufl. Mit 125 Textfiguren und 9 Abb. auf einer Tafel. 1943. 143 S.

Nr. 37 **Klemm, W., Anorganische Chemie.** 6. Aufl. Mit 18 Abb. 1944. 184 S.

Nr. 38 **Schlenk, W., Organische Chemie.** 5. Aufl. Mit 17 Fig. 1949. 239 S.

Nr. 47 **Fischer, P. B., Arithmetik.** 2. Aufl. 1948. 152 S.

Nr. 51 **Ringleb, F., Mathematische Formelsammlung.** 5., verbesserte Aufl. Mit 57 Fig. 1949. 274 S.

Nr. 71 **Schulze, W., Allgemeine und physikalische Chemie.** I. Teil. 3., durchgesehene Aufl. Mit 22 Fig. 1949. 146 S.

Nr. 87 **Witting, A., Differentialrechnung.** 3., neubearb. Aufl. Mit 95 Fig. und 200 Beispielen. Durchgesehener Neudruck. 1949. 201 S.

Nr. 88 —, **Integralrechnung.** 2., verbesserte Aufl. Durchgesehener Neudruck. Mit 62 Fig. und 190 Beispielen. 1949. 176 S.

Nr. 136 **Mahler, G., Physikalische Formelsammlung.** 8., verbess. Aufl. 1950. 153 S. In Vorbereitung.

Nr. 142 **Haussner, R., Darstellende Geometrie.** 1. Teil: Elemente, Ebenflächige Gebilde. 6., unveränderte Aufl. Mit 110 Fig. im Text. 1947. 207 S.

Nr. 143 — —, 2. Teil: Perspektive ebener Gebilde, Kegelschnitte. 5., unveränderte Aufl. Mit 88 Fig. im Text. 1947. 168 S.

Nr. 146 **Witting, A., Repetitorium und Aufgabensammlung zur Differentialrechnung.** 2. Aufl. Neudruck. 1949. 122 S.

Nr. 147 —, **Repetitorium und Aufgabensammlung zur Integralrechnung.** 2. Aufl. Neudruck. 1949. 121 S.

Nr. 173 **Bruhns, W., u. P. Ramdohr, Petrographie.** 3., durchgesehene Aufl. Mit 10 Figuren. 1949. 117 S.

Nr. 180 **Böhm, F., Versicherungsmathematik.** I. Elemente der Versicherungsrechnung. 2., vermehrte und verbesserte Aufl. Durchgesehener Neudruck. 1946. 151 S.

Nr. 210 **Bruhns, W., u. P. Ramdohr, Kristallographie.** 4. Aufl. In Vorbereitung.

Nr. 221 **Jander, G., u. K. F. Jahr, Maßanalyse.** Theorie und Praxis der klassischen und der elektrochemischen Titrierverfahren. Bd. I. 5. Aufl. Mit 18 Fig. 1948. 140 S.

Nr. 222 **Hassak-Beutel, Warenkunde.** 7. Aufl. Neubearb. von A. Kutzelnigg. Bd. I: Anorganische Waren sowie Kohle und Erdöl. Mit 19 Fig. 1947. 116 S.

Nr. 223 — —, Bd. II: Organische Waren. Mit 32 Fig. 1949. 143 S.

Nr. 247 **Hoppe, J., Analytische Chemie I.** Reaktionen. 5., verb. Aufl. 1950. 135 S.

Nr. 248 — —, **II.** Gang der qualitativen Analyse. 5., verbess. Aufl. 1950. 168 S.

Nr. 252 **Daßler, A., Elektrochemie I.** Mit 21 Abb. 1950. In Vorbereitung.

Nr. 253 — —, **II.** Mit 17 Abb. 1950. In Vorbereitung.

Nr. 256 **Haussner, R., Sammlung von Aufgaben und Beispielen zur analytischen Geometrie der Ebene.** Mit 22 Fig. Neudruck. 1949. 139 S.

Nr. 257 **Humburg, K., Die Gleichstrommaschine I.** Durchgesehener Neudruck. Mit 59 Abb. 1949. 102 S.

Nr. 342 **Körting, J., u. W. Körting, Heizung und Lüftung.** I. Das Wesen u. die Berechnung der Heizungs- u. Lüftungsanlagen. 8., verbess. Aufl. Mit 29 Abb. u. 14 Zahlentafeln. 1950. In Vorbereitung.

Nr. 343 — —, **II.** Die Ausführung der Heizungs- u. Lüftungsanlagen. 7. neubearb. Aufl. Mit 141 Abb. u. 8 Zahlentafeln. 1944. 126 S.

Nr. 354 **Valentiner, S., Vektoranalysis.** 7., wesentl. veränderte Aufl. Mit 19 Fig. 1950. In Vorbereitung.

Nr. 389 **Diels, L., Pflanzengeographie.** 4., verb. Aufl. Mit 1 Karte. 1945. 167 S.

Nr. 405 **Werkmeister, P., Praktisches Zahlenrechnen.** 4. Aufl. Mit 60 Fig. 1950. 136 S. In Vorbereitung.

Nr. 423 **Adler, A., Fünfstellige Logarithmen.** Mit mehreren graphischen Rechentafeln und häufig vorkommenden Zahlwerten. 2. Aufl. Neudruck, 1 Tafel. 1949. 127 S.

Nr. 432 **Borchers, H., Metallkunde.** I. Aufbau der Metalle und Legierungen. Mit 2 Tab. und 90 Abb. 2. Aufl. 1950. 110 S.

Nr. 445 **Asmus, E., Physikalisch-Chemische Rechenaufgaben.** 2. Aufl. 1949. 96 S.

Nr. 468 **Werkmeister, P., Vermessungskunde. I.** Stückmessung u. Nivellieren. 9. Aufl. Mit 145 Figuren. 1949. 172 S.

Nr. 469 ——, II. Messung von Horizontalwinkeln. Festlegung von Punkten im Koordinatensystem. Absteckungen. 7. Aufl. Mit 63 Fig. 1949. 151 S.

Nr. 483 **Henglein, M., Lötrohrprobierkunde.** Mineraldiagnose mit Lötrohr und Tüpfelreaktion. 3., verb. Aufl. Mit 11 Fig. 1949. 91 S.

Nr. 585 **Dehnert, H., Verkehrswasserbau I:** Entwurfsgrundlagen. Flußregelungen. Mit 52 Textabb. 1950. 102 S.

Nr. 589 **Tochtermann, W., Das Maschinenzeichnen mit Einführung in das Konstruieren.** I: Das Maschinenzeichnen. 4. Aufl. Mit 77 Tafeln. 1950. 156 S. In Vorbereitung.

Nr. 590 ——, II: Ausgeführte Konstruktionsbeispiele. 4. Aufl. Mit 58 Tafeln. 1950. 130 S. In Vorbereitung.

Nr. 597 **Dehnert, H., Verkehrswasserbau II:** Flußkanalisierungen u. Schiffahrtskanäle. Mit 60 Textabb. 1950. 92 S.

Nr. 668 **Knopp, K., Funktionentheorie I:** Grundlagen der allgemeinen Theorie der analytischen Funktionen. Mit 8 Fig. 7. Aufl. 1949. 139 S.

Nr. 691 **Fauser, O., Kulturtechnische Bodenverbesserungen.** I.: Allgemeines, Entwässerung. 4., neubearbeitete Aufl. 1947. 122 S.

Nr. 692 ——, II.: Bewässerung, Ödlandkultur, Umlegung. 4., neubearb. Aufl. 1948. 150 S.

Nr. 698 **Schulze, W., Allgemeine und physikalische Chemie.** II. Teil. 3., durchges. Aufl. Mit 36 Fig. 1949. 160 S.

Nr. 703 **Knopp, K., Funktionentheorie II.** Anwendungen und Weiterführung der allgemeinen Theorie. Mit 7 Fig. 7. Aufl. 1949. 130 S.

Nr. 711 **Kesselring, F., Theoretische Grundlagen zur Berechnung der Schaltgeräte.** 3. Aufl. Mit 92 Abb. 1950. 143 S. In Vorbereitung.

Nr. 718 **Neger, W. u. E. Münch, Die Laubhölzer.** 3., durchges. Aufl., herausgegeben von B. Huber. Mit 63 Fig. u. 7 Tab. 1950. 142 S. In Vorbereitung.

Nr. 768 **Bieberbach, L., Einführung in die konforme Abbildung.** 4. Aufl. Mit 42 Zeichnungen. 1949. 147 S.

Nr. 837 **Baumgartner, L., Gruppentheorie.** 2. Aufl. Mit 6 Fig. 1949. 115 S.

Nr. 862 **Werkmeister, P., Vermessungskunde.** III. Trigonometrische und barometrische Höhenmessung. Tachymetrie und Topographie. 6. Aufl. Mit 64 Fig. 1949. 147 S.

Nr. 877 **Knopp, K., Aufgabensammlung zur Funktionentheorie.** I. Aufgaben zur elementaren Funktionentheorie. 4. Aufl. 1949. 135 S.

Nr. 878 — —, II. Aufgaben zur höheren Funktionentheorie. 4. Aufl. 1949. 151 S.

Nr. 881 **Humburg, K., Die Gleichstrommaschine II.** Mit 38 Abb. Durchgesehener Neudruck. 1949. 98 S.

Nr. 931 **Hasse, H., Höhere Algebra I.** Lineare Gleichungen. 3. Aufl. 1950. 160 S. In Vorbereitung.

Nr. 932 — —, II. Gleichungen höheren Grades. 3. Aufl. Mit 5 Fig. 1950. 158 S. In Vorbereitung.

Nr. 952 **Schäfer, W., Transformatoren.** 2. Aufl. Mit 74 Abb. 1949. 128 S.

Nr. 972 **Herter, K., Vergleichende Physiologie der Tiere I:** Stoff- und Energiewechsel. 3. Aufl. Mit 64 Abb. 1950. 155 S.

Nr. 973 — —, II.: Bewegung und Reizerscheinungen. 3. Aufl. Mit 110 Abb. 1950. 148 S.

Nr. 984 **Graf, O., Die wichtigsten Baustoffe des Hoch- u. Tiefbaues.** 3., verb Aufl. Mit 58 Abb. 1947. 126 S.

Nr. 999 **Kamke, E., Mengenlehre.** 2., durchges. Aufl. Mit 6 Fig. 1947. 160 S.

Nr. 1002 **Jander, G., u d K. F. Jahr, Maßanalyse.** Theorie und Praxis der klassischen und der elektrochemischen Titrierverfahren. Band 2. 5. Aufl. Mit 24 Fig. 1948. 139 S.

Nr. 1057 **Roth, W. A., Thermochemie.** 2., verbess. Aufl. 1947. 109 S.

Nr. 1070 **Sauter, F., Differentialgleichungen der Physik.** 2. Aufl. Mit 16 Fig. 1950. 148 S.

Nr. 1082 **Hasse, H., Aufgabensammlung zur höheren Algebra.** 2. Aufl. 1950. In Vorbereitung.

Nr. 1084 **Nußelt, W., Technische Thermodynamik.** I.: Grundlagen. 3., verbess. Aufl. Mit 71 Abb. 1950. 144 S. In Vorbereitung.

Nr. 1092 **Wickop, W., Fenster, Türen, Tore aus Holz und Eisen.** 3., überarbeitete und ergänzte Aufl. Mit 96 Abb. 1949. 154 S.

Nr. 1109 **Knopp, K., Elemente der Funktionentheorie.** 3. Aufl. Mit 23 Fig. 1949. 144 S.

Nr. 1110 **Schulz, G., Formelsammlung zur praktischen Mathematik.** Durchgesehener Neudruck. Mit 10 Abb. 1945. 147 S.

Nr. 1127 **Hartmann, M., Geschlecht und Geschlechtsbestimmung im Tier- und Pflanzenreich.** 2. Aufl. Mit 62 Abb. 1950. In Vorbereitung.

Nr. 1128 **Buchner, P., Symbiose der Tiere mit pflanzlichen Mikroorganismen.** 2., verb. u. vermehrte Aufl. Mit 121 Abb. 1949. 130 S.

Nr. 1131 **Scholz, A., Einführung in die Zahlentheorie.** Neudruck. 1945. 136 S.

Nr. 1132 **Frühauf, G., Überspannungen und Überspannungsschutz.** Neudruck. Mit 98 Abb. 1950. 122 S.

Nr. 1134 **Kuckuck, H., Pflanzenzüchtung.** 2., durchges. Aufl. Mit 12 Abb. 1944. 125 S.

Nr. 1137 **Heil, H., Entwicklungsgeschichte des Pflanzenreiches.** 2. Aufl. Mit 94 Abb. 1950. In Vorbereitung.

Nr. 1138 **Hämmerling, J., Fortpflanzung im Tier- und Pflanzenreich.** 2., ergänzte Aufl. Mit 101 Abb. 1950. 135 S. In Vorbereitung.

Nr. 1141 **Koller, G., Hormone.** 2. Aufl. Mit 60 Abb. u. 19 Tab. 1949. 187 S.

Nr. 1146 **Humburg, K., Die synchrone Maschine.** Mit 79 Bildern. 1949. 109 S.

Nr. 1151 **Nußelt, W., Technische Thermodynamik.** II.: Theorie der Wärmekraftmaschinen. Neudruck. Mit 87 Abb. u. 32 Zahlentafeln. 1950. 144 S. In Vorbereitung.

Nr. 1152 **Dehnert, H., Verkehrswasserbau III:** Schleusen und Hebewerke. Mit 70 Textabb. 1950. 98 S.

Nr. 1155 **Schwartz, W., Grundriß der allgemeinen Mikrobiologie.** Band I. Mit 17 Abb. 1949. 104 S.

Nr. 1156 **Meinke, H.-H., Die komplexe Berechnung von Wechselstromschaltunsen.** Mit 114 Abb. 1949. 160 S.

Nr. 1157 **Schwartz, W., Grundriß der allgemeinen Mikrobiologie.** Band II. Mit 12 Abb. 1949. 93 S.

Walter de Gruyter & Co., Berlin W 35

(386) MDV, Druckerei Luckenwalde 121. 120 000. 3. 50.

FSC
www.fsc.org
MIX
Papier | Fördert
gute Waldnutzung
FSC® C083411

Kolibri 360 GmbH
Ferdinand-Jühlke-Straße 7
99095 Erfurt, Deutschland
produktsicherheit@kolibri360.de